JN194380

合理的楽観主義者たちへ

実際のところ、我々の生活はこれまでと変わりない……何十万年ものあいだ、同じ生理的・心理的プロセスがずっと続いているのだ。

——カール・ユング(スイスの精神科医・心理学者)

あらゆる時代で、賢者たちはいつも同じことを言う。あらゆる時代で圧倒的大多数を占める愚者たちは、まさに愚者らしく、それとは反対のことをする。

——アルトゥル・ショーペンハウアー(ドイツの哲学者)

歴史は繰り返さない。繰り返すのは常に人間だ。

——ヴォルテール(フランスの啓蒙思想家・文学者)

私は重要なコツを学びました。先見の明を養うには、後知恵をうまく働かせる必要があるのです。

――ジェイン・マクゴニガル（アメリカのゲームデザイナー）

十四対一という割合で……死者は生者の数を上回る。にもかかわらず、人類のこれほど大多数によって蓄積されてきた経験を、我々は危険を承知で無視するのだ。

――ニーアル・ファーガソン（スコットランド出身の歴史家）

はじめに

変わりゆく世界の中で「決して変わることのないもの」に注目せよ

以前、ウォーレン・バフェットと親しい男とランチをしたことがある。二〇〇九年の暮れ、その男——ジムと呼ぶことにしよう（本名ではない）——は、バフェットと一緒にネブラスカ州のオマハをドライブしていた。このとき、世界経済は低迷の最中（さなか）にあり、オマハも例外ではなかった。商店は軒並み閉まり、事業所には板が打ちつけられていた。

ジムはウォーレンにこう言った。

「今の状況は最悪だな。ここから経済はどうやったら立ち直れるだろうか？」

ウォーレンはこう答えた。

「ジム、一九六二年にいちばん売れたチョコレートバーを知っているかい？」

「さあ」

「スニッカーズだよ」

ウォーレンは続けた。

「で、今いちばん売れているチョコレートバーはなんだと思う？」

「さあ」

「スニッカーズだよ」

そして沈黙が流れた。会話は終わりだった。


この本には、**変わりゆく世界の中で「決して変わることのないもの」**についての短いストーリーがおさめられている。

誰も予想できなかった驚きに満ちあふれているのが、歴史というものだ。しかし、そこには「時代を超えた英知」もたくさん詰まっている。

もし今から五百年前や五百年後にタイムスリップしたら、きっとテクノロジーや医療はこんなにも変わったのかと仰天（ぎょうてん）するだろう。地政学的な秩序も今とはまるで違っているだろうし、もしかしたら言葉や方言も通じないかもしれない。

しかしその一方で、人々が今の世と変わらない欲望に溺（おぼ）れ、恐怖に煽（あお）られていることにも気づくだろう。

今と同じように、リスクや嫉妬や同族意識といったものにとらわれている人々も目にするだろう。

過信し、大局を見ない人々の様子に、現代を生きる私たちと変わらないなと思うかもしれない。

幸せな人生の秘訣（ひけつ）を求めて、存在などしない「確かなもの」を探そうとする人々に出会い、おおいに共感を抱くかもしれない。

たとえ見知らぬ世界に連れてこられたとしても、人々の行動を数分も見るうちに、あなたはきっとこう言うに違いない。

「ああ。前にも見たことがある。変わらないな」

「変化」は、驚きと興奮をもたらし、注目を集める。しかし、「決して変わることのない」人間の行動パターンこそ、歴史の最も偉大な教訓なのだ。

なぜなら、それは未来に起こりうることを前もって見せてくれるからだ。あなたの未来に、そしてあらゆる人の未来に起こりうることを、だ。

あなたがどんな人だろうと、どんな生まれだろうと、何歳だろうと、稼ぎがどれだけあろうと、人間の行動から時代を超えた教訓を得ることができる。それは、あなたが学べるものの中でも、とりわけ重要な教訓だ。

こうした「人間の行動パターンは変わらない」という考えはとてもわかりやすいが、見落とされがちだ。それゆえ、ひとたびこの考えを理解すれば、自分の人生をよりよく知ることができ、世界がなぜこうあるのかも理解できるだろう。また、どんな未来が待ち受けていようとも、受け入れやすくなる。

アマゾンの創業者ジェフ・ベゾスは、「今後十年で変わるものは何か」と、しばしば尋ねられるそうだ。

「『今後十年で変わらないものは何か』と質問されることはほとんどない」と彼は言う。

「だが、こちらの質問のほうが実は重要なのだ」と。

「決して変わることのないもの」が重要なのは、それを知ることで未来がどう形作られるか、確信が持てるからだ。「アマゾンの顧客たちが低価格かつ迅速な配送を望まない未来を想像することはできない」とベゾスは言った。だからこそ、彼はそこに莫大（ばくだい）な資金を投下できるのだ。

こうした考え方は、人生のほぼあらゆる場面で有効だろう。

来年の（あるいは、どの年でも）株式市場がどうなるのか、私には見当もつかない。しかし、人々の貪欲さや恐怖心が変わることは決してないということは、強く確信している。だからこそ、私はその点を時間をかけてじっくり考えるのだ。

次の大統領選挙で誰が勝つのかも、私にはわからない。しかし、同族意識というものが人々の思考に影響を与えていることについては、強い確信を持っている。それは千年前も今も、そして千年後も変わらない。

今後の十年でどんな事業が優位になるのかも、私にはわからない。ただ、ビジネスリーダーたちが成功して天狗になると、気を抜き、偉そうな態度を取り、やがて威信を失っていくということだけはわかる。この筋書きは過去何百年も変わっていないし、これからも決して変わらないだろう。

哲学者たちは何世紀にもわたり、「人生には無数の道があるが、たまたま今生きている人生になっただけにすぎない」という考えを論じてきた。あまりに突飛な考えなので、こんな質問をしたくなる。

「この人生だけでなく、想像しうるすべての人生において真実といえるものは何か？」

こうした偶然、運、アクシデントなどに左右されない普遍の真理こそ、最も重要視すべきものであることは明らかだろう。

起業家で投資家のナヴァル・ラヴィカントはこう述べている。

「パラレルワールドが千個あるとして、そのうちの九百九十九個の世界で人は金持ちになりたいと思うものだ。運に恵まれた五十個の世界でしか金持ちになれないのは嫌だから、運の要素を排除したいのだ……自分の人生が千通りあるとしたら、九百九十九回は成功するような生き方を私はしたい」

これこそが本書のテーマだ。**千個のパラレルワールドがあるとして、そのすべての世界で真実といえるものは何か？**

以下の二十三の章は、それぞれ単独で読んでも問題ないので、読み飛ばしたり好きなように選んだりしてもらってかまわない。各章に共通するのは、私がそれぞれのトピックを、これまでの数百年と変わらず、この先の数百年も重要であるに違いないと確信しているということだ。

どの章も長くない。というのも、その多くは私が**「お金」と「歴史」と「心理学」との関連**について書いているコラボレーティブ・ファンド【訳注：著者がパートナーを務めるベンチャーキャピタル】のブログがもとになっているからだ。

まずは、人生で最も怖い思いをした日についての個人的な話を交えながら、世界がいかに脆（もろ）いものであるかについて見ていこう。

Contents

本文ＤＴＰ　株式会社Ｓｕｎ Ｆｕｅｒｚａ

1

SAME
AS
EVER

この世界は「危うく脆い」もの

これまでの道筋を知ったとしても、
これから向かう先がわかるわけではない。

歴史から得られる大きな教訓がある。それは、**世界がいかに危うく脆いものか**ということだ。歴史上、きわめて重大な変化のうちのいくつかは、予期せぬランダムな巡り合わせや決断によって引き起こされ、奇跡や大混乱を招いてきた。

作家のティム・アーバンはかつてこう書いた。

「自分が生まれる前にタイムスリップしたら、きっとあなたは何をするのも恐ろしくなってしまうだろう。なぜなら、ほんの些細(ささい)な動き一つが現在につながっており、未来に大きな影響を与える可能性があると知っているからだ」

これぞ真実だ。

私がこのトピックに興味を持つようになったきっかけについて、個人的な話をしよう。

私はタホ湖【訳注：カリフォルニア州とネバダ州の境にある高山湖で、スキーリゾートとして有名】でスキー競技をして育った。スコー・バレー・スキーチームに所属し、十年にわたりスキー競技中心の生活を送っていた。

チームには十数名の選手がいた。ティーンエイジャーだった二〇〇〇年代の初めまで、私たちは人生の大半を一緒に過ごしていた。週六日、一年のうちの十カ月、雪があるところなら世界中どこにでも行ってスキーをした。

メンバーの多くとは、それほど親しくなかった。ともに過ごす時間があまりに長すぎて、何かにつけて喧嘩になってしまったからだ。だが、そのうちの四人は切っても切れない友人になった。これは、そんな友人のうちの二人、ブレンダン・アランとブライアン・リッチモンドの話だ。

二〇〇一年二月十五日、私たちのチームはコロラド州で行なわれた大会から戻ってきた。その日、帰りの飛行機は到着が遅れた。なぜなら、吹雪には慣れっこの私たちからしてもありえないほど猛烈な吹雪がタホ湖を襲ったからだ。

新雪が一面に降り積もってしまうと、スキー競技はできない。競技にはこちこちに固まった氷が必須だからだ。そのため、トレーニングは中止になり、ブレンダンとブライアンと私は一週間のフリースキー——当時、決まったルールなく自由に滑り、楽しい時間を過ごすことを、私たちはそう呼んでいた——に行く準備をしていた。

タホには、同じ月の初めに、厳しい寒気によってもたらされた軽くふわっとした雪が既に数メートル積もっていた。一方、二月中旬に襲った吹雪は違った。気温が氷点下ぎりぎりと暖かかったうえ、勢いも激しく、約一メートルの重く湿った雪を積もらせた。

そのときは思い至らなかったが、ふわふわの雪の上に重い雪が積もると、雪崩が起こる教科書どおりの条件が揃う。重い層を上にのせた軽い雪の土台は驚くほど脆く、滑りやすくなるのだ。

スキーリゾートは、危険性の高いゲレンデを閉鎖したり、利用客が雪崩に巻き込まれないように、朝に利用客がやってくる前の深夜のうちに爆発物を使って意図的に雪崩を起こしておいたりしていた。

しかし、滑走区域外を滑る場合――つまり、立ち入り禁止のロープをくぐり抜け、禁止された手つかずの地を滑る場合、そうした安全対策は意味をなさなくなる。

二〇〇一年二月二十一日の朝、ブレンダンとブライアンと私は、それまでにも何百回としてきたように、スコー・バレー・スキーチームのロッカールームで落ち合った。家を出る直前、ブライアンが最後に残した言葉はこうだった。

「心配しないで、母さん。滑走区域の外には行かないよ」

しかし、スキー板を装着するや否や、私たちは滑走区域の外へ向かったのだ。

「致命的な瞬間」――雪崩は音もなく忍び寄る

スコー・バレー（現在はパリセーズ・タホと呼ばれている）の背後、ＫＴ－22のスキーリフトの後方には、スコーとアルパイン・メドウズのスキーリゾートを隔てる山が約一・六キロにわたって延びている。広々としているだけでなく、起伏(きふく)に富んだ地形で急勾配(こうばい)もあり、スキーをするには最高の場所だ。

二月二十一日より前にそこでスキーをしたのは、おそらく十数回ほどだったと思う。移動に時間がかかるので、頻繁(ひんぱん)に訪れるスポットではなかった。滑り降りると奥地の田舎道に出るので、そこからロッカールームまで戻るにはヒッチハイクをしなければならないのだ。

ブレンダンとブライアンと私は、その朝そこでスキーをすることにした。

立ち入り禁止のロープをくぐって数秒後に、雪崩に巻き込まれたのを覚えている。

初めての経験だったが、忘れられない記憶となった。雪崩は音もなく、目に見えもしなかった。気づいたときには、もはやスキー板が地面についておらず、まさに雪でできた雲の中に浮いている状態だった。

こうなると、いっさいコントロールが利かなくなる。スキー板で雪を押して弾みをつけることができず、むしろ雪に押されてしまうのだ。直立の状態でいるためになんとかバランスを保つのがやっとだった。

雪崩は小さく、すぐにおさまった。

「雪崩を見た?」

道に出てから、そう言ったのを覚えている。

「アハハ、最高だったな」

ブレンダンはそう返した。

それ以上そのことには触れず、私たちはヒッチハイクをしてロッカールームに戻った。

「嫌な予感」が的中するとき

スコーに戻ると、ブレンダンとブライアンはもう一度、裏山を滑りたいと言った。

どういうわけか、私は行きたくなかった。

そこでふと思った。ブレンダンとブライアンはまた裏山を滑ればいい。私は彼らがヒッチハイクをしなくてすむように、車で迎えに行こう。

その案で話がまとまり、私たちは別行動を取った。

三十分後、私は二人をピックアップする予定になっていた田舎道まで車で向かった。

現場に着くと、そこに二人の姿はなかった。

三十分待ってから引き返すことにした。一分ほどで滑り降りられるところだ。もう来ないだろう。きっと彼らは私より先に滑り降りてきて、ヒッチハイクで既に戻ったのだと思った。

彼らがいるだろうと思って、私は車を走らせ、ロッカールームに戻った。だが、そこにも二人はいなかった。周りに尋ねてもみたが、誰も彼らを見ていないという。

その日の午後四時頃、自宅にブライアンの母親から電話がかかってきた。そのときの一言一句(いちごんいっく)を今でも覚えている。

「もしもし、モーガン。ブライアンが今日、仕事に来なかったんですって。あの子がどこにいるか知ってる？」と母親は言った。

私はありのままを話した。

「今朝、三人でＫＴ－22の裏山を滑ってきました。ブライアンとブレンダンはもう一度滑りに行って、僕は二人を道でピックアップする予定でした。だけど、二人ともそこに来なくて、それから見ていません」

「なんてこと」と母親は言った。何かピンときた様子だった。

ブライアンの母親も長年スキーをしているベテランだった。その瞬間、何が起こったのか、すべてを悟ったのだと思う。私も同じだった。

刻々と時間が過ぎていき、みんなが心配しはじめた。

たまりかねた誰かが警察を呼び、捜索願(そうさくねがい)を出した。当初、警察はあまり事態を深刻に受け止めず、ブレンダンとブライアンはこっそりパーティにでも行ったのではないかと言った。

それはない、と私は思った。

「二人の靴はそこにある」

そう言って、私はロッカールームの床に置かれたブレンダンとブライアンのスニーカーを指差した。

「つまり、二人は今もスキーブーツを履いてるってことだ。今は午後九時。わからないかな。夜の九時に、スキーブーツを履いたままなんだ」

その瞬間、全員が初めて事態の深刻さに気づき、周りを見回した。


十時を回った頃、私は言われるままスコー・バレー消防署に行き、地元の捜索救助隊の人たちに会った。

私は、ブレンダンとブライアンと三人でその日したことを一から説明した。捜索隊がヘリコプターから空中撮影したと思われる巨大な写真地図を取り出すと、私は自分たちが入った立ち入り禁止区域の場所を正確に指し示した。

その日の朝にあった小さな雪崩のことも伝えた。とたんに、隊員たちの頭の中で点と点がつながったようだった。私が話し終えると、隊員のうちの二人が顔を見合わせ、ため息をついたのを覚えている。

深夜になり、捜索隊は巨大な投光ライトを携え、救助犬チームとともに、ブレンダンとブライアンを捜しに出かけた。

あとで知らされたのだが、捜索隊は私が三人でスキーをしたと伝えた立ち入り禁止区域に入ってすぐ、発生したばかりの生々しい雪崩の跡を発見したそうだ。その跡は途方もなく大きく、ある隊員によると、「山の半分が引き裂かれたよう」だったという。

ロッカールームに車で戻ってきたのは、真夜中のことだった。数千台が駐車できるスコー・バレーの駐車場は、ほとんど空になっていた。みんな、既に帰宅しており、二台の車が並んで停められているだけだった。ブレンダンのジープと、ブライアンのシボレーのピックアップトラックだ。

私はロッカールームのベンチで眠ろうとしたが、目をつぶることすらできなかった。

ブレンダンとブライアンがドアから勢いよく飛び込んでくるのではないかと思っていたのを覚えている。そして、二人を捜すために警察を呼ぶはめになったことを笑い話にできるのではないかと。

翌朝、午前九時には、ほかのスキー競技仲間、保護者、友人、家族でロッカールームはいっぱいになった。誰もがなんとか役に立ちたいと思っていた。そこは捜索に向かう前の集結地点のようになっていた。

私はベンチに横になり、ようやく眠りに落ちた。

その数分後に、悲鳴、怒鳴り声、動揺した声が聞こえてきて、私は目が覚めた。

何が起こったかは、すぐにわかった。誰に言われるまでもなかった。

ロッカールームの二階へ行くと、ブライアンの母親がソファに座っていた。悲鳴は彼女のものだった。

「ほんとにごめんなさい」

私は泣きじゃくりながら言った。

あのような瞬間は筆舌に尽くしがたい。あのとき、私はほかにどんな言葉をかければいいのかわからなかった。今でもわからない。

救助犬たちが雪崩のあった現場を探し当て、隊員たちはプローブポール【訳注：雪崩による埋没者の位置を特定するための探索アイテム】を使って、雪の約二メートル下に埋もれたブレンダンとブライアンを発見したのだった。

二人は一日違いで生まれ、わずか三メートルしか離れていない場所で命を落とした。

世界は「まったくの偶然」に支配されている

その日、私は父に会いに職場まで車で行った。急に家族のそばにいたくなったのだ。駐車場まで迎えに来てくれた父は、「おまえに会えてこんなに嬉しいことはない」と言った。父が泣くのを見たのは、あとにも先にもそのときの一回だけだ。

その瞬間に初めて、自分ももう少しでブレンダンとブライアンと一緒に〝運命のスキー〟をするところだったことに気づいた。

やがて疑問が湧いてきた。朝に一度は一緒に裏山を滑走したのに、なぜ自分は二度目を断ったのだろう？　私が命を落とさずにすんだのは、間違いなくそのおかげだった。

何百万回と考えたが、さっぱりわからない。

いい、いい、いい、わからないのだ。

説明のしようがない。

熟考したわけでもない。危険を計算したわけでもない。専門家に相談したわけでもない。メリットとデメリットを天秤にかけたわけでもない。

それは**まったくの偶然**だった。行き当たりばったりのちょっとした幸運にすぎなかったが、それが私の人生において最も重要な決断となった。これまでしてきた――あるいは、この先にする――どんな意図的なものよりも、はるかに重要な決断になったのだ。
これは私個人の話だ。もしかしたら、あなたの人生にも似たような話があるかもしれない。しかし、考えてみれば、歴史の多くも同じだということがわかるだろう。

今ある世界が、あなたの思いもよらない些細な出来事によって成り立っていることを示す興味深い例を三つ挙げてみよう。

1 アメリカ独立戦争――そのときの「風向き」がもし違ったら？

ロングアイランドの戦い【訳注：アメリカ独立戦争の主要な戦いの一つ】は、独立軍の総司令官ジョージ・ワシントンにとって大失敗だった。彼が率いる一万の軍隊は、イギリス軍とその四百隻(せき)に及ぶ艦隊に撃破された。

しかし、もっと悪い結果になっていた可能性もある。この地でアメリカ独立戦争が終わっていたかもしれないのだ。

あとはイギリス軍がイースト川をのぼっていくだけだった。ワシントン軍は追い詰められ、全滅するほかなかった。

しかし、そうはならなかった。風向きのせいで、イギリス軍は川をのぼることができなかったからだ。

歴史家のデヴィッド・マカルーは、かつてインタビュアーのチャーリー・ローズにこう語っている。

「(一七七六年の)八月二十八日の夜に、もし風が反対方向に吹いていていたら、万事休すだったと思う」

「そうなっていたら、アメリカ合衆国はなかった?」とローズは尋ねた。

「だろうね」

「ただの風のせいで歴史が変わったと?」

「そのとおりだ」とマカルーは答えた。

2 ルシタニア号事件——もし船旅が一日遅れなければ?

経費削減を余儀なくされたウィリアム・ターナー船長は、ニューヨークからリヴァプールへ向かう巨大蒸気船の第四ボイラー室を停止させた。この決定により、船の旅は一日遅れることになった。迷惑な話ではあったが、旅客船業界が経済的苦境に陥っている中、この経費削減は当然の措置だった。

この決断がどれほど運命を決定づけることになるか、船長を含め、誰一人として知る由(よし)もなかった。

一日遅れた結果、ターナーの船――ルシタニア号――はドイツ軍の潜水艦の進路にまっすぐ進入することになってしまった。

ルシタニア号は魚雷の直撃を受け、千二百人近い乗客が死亡した。このことが引き金となり、アメリカは国民から第一次世界大戦参戦への支持を集めることとなった。

もし第四ボイラー室が稼働していたら、ドイツ軍の潜水艦がケルト海――そこでルシタニア号と遭遇してしまった――に入るより一日早く、ターナーはリヴァプールまで到着できていたはずで、船が攻撃を受けることもなかっただろう。二十世紀のその後に大きな影響を与えた戦争に、アメリカが参戦する事態も避けられたかもしれない。

3 ルーズベルト暗殺未遂――もし狙撃手が小柄でなければ？

ジュゼッペ・ザンガラは、身長わずか百五十センチの小柄な男だった。彼は一九三三年、マイアミで開かれた政治集会の会場の外で椅子の上に立っていた。群衆の向こうに銃を向けるには、それしか方法がなかったのだ。

ザンガラは五発の銃弾を発砲し、そのうちの一発が、ザンガラの標的と握手を交わしていたシカゴ市長のアントン・サーマクに命中した。サーマクは死亡。標的だったフランクリン・デラノ・ルーズベルトは、二週間後に大統領に就任した。

就任して数カ月のうちに、ルーズベルトはニューディール政策によりアメリカ経済を一変させた。

もしザンガラが標的であるルーズベルトに銃弾を命中させていたら、ジョン・ナンス・ガーナーが大統領になっていたかもしれない。ガーナーは、ニューディール政策の赤字支出のほとんどに反対していた。彼が大統領だったら、同様の政策はまず実施していなかっただろう。しかし、今日（こんにち）の経済をいまだに形作っているのは、まさにこのニューディール政策なのだ。

「ほんの些細なこと」が歴史の歯車を動かしている

こうした例は、数えきれないほどある。ほんの些細なことが、もし別の方向に進んでいたとしたら、どんな重大な歴史上の出来事も違った結末を迎えていたかもしれない。

世界の大半は、それほど危うく脆いのだ。

歴史を学ぶうえで皮肉なのは、ほとんどの場合、それぞれの物語がどんな結末を迎えるかはよく知っていても、その発端がどこなのかは、まるで見当もつかないことだ。

例を挙げてみよう。二〇〇八年の金融危機の原因となったのは何か？

なるほど、それには住宅ローン市場を理解する必要がある。

その住宅ローン市場が形成されたのはなぜか？　なるほど、それには先立つ三十年間にわたる金利の低下について理解する必要がある。

では、金利の低下を引き起こしたのは何か？　なるほど、それには一九七〇年代のインフレを理解する必要がある。

そのインフレの原因は？　なるほど、それには一九七〇年代の金融制度とベトナム戦争の後遺症について理解する必要がある。

ベトナム戦争が起きた原因は？　なるほど、それには第二次世界大戦後の共産主義に対する西側諸国の恐怖を理解する必要がある……など、永遠に続いていく。

「予測不能な世界」で大切にするべき二つのこと

大小問わず、現行のあらゆる出来事には父母、祖父母、曾祖父母、きょうだい、いとこに当たる出来事が存在する。こうした家系図を無視すると、出来事に対する理解が曖昧になり、なぜ諸々のことが起こったのか、いつまで続くのか、どのような状況でまた起こるのかといったことについて誤った印象を抱きかねない。その長いルーツを切り離して、出来事を一つひとつ見ていけば、なぜ予測というものが難しいのか、なぜ政治は腐敗(ふはい)するのかなど、さまざまなことが説明しやすくなる。

「これから私たちがどこへ向かうのかを知るためには、これまでたどってきた道筋を知らなければならない」と人はよく言う。しかし、**たとえこれまでの道筋を知ったとしても、これから向かう先がわかるわけではない**と認めるほうが、より現実的である。出来事とは、私たちにはとうてい理解しえない方法で複雑に組み合わさっているからだ。

偶然やアクシデントに影響を受けやすいこの世界で、私はいつも、二つのことを心にとどめておくようにしている。

一つは、本書の前提でもあるが、**特定の出来事ではなく、人々の行動に基づいて予測すべき**ということだ。今から五十年後の世界がどうなっているかを予測するのは不可能である。一方で、人々が欲、恐怖、チャンス、搾取(さくしゅ)、リスク、不確かなもの、同族意識、社会階級などにあいかわらず反応している未来を予測することはできる。私はこれまで、そうした考え方をしてきた。

出来事の予測が難しいのは、「それで、そのあとは？」という問いが無視されがちだからだ。

たとえば、「ガソリンの価格が上がれば、人々はあまり車を運転しなくなるだろう」という主張は論理的に思える。

だが、そのあとは？

それでも運転しなくてはならないから、人々はもっと燃費のよい車を探すかもしれないし、政治家に文句を言うかもしれない。文句を言われた政治家たちは、車の購入に減税措置を講ずるかもしれない。ＯＰＥＣ（石油輸出国機構）は、さらなる掘削(くっさく)を要請され、エネルギー系の起業家は革新をもたらす。石油業界は好不況の波があることを知っているから、ここで供給量を必要以上に増やすだろう。するとガソリンの価格は下がり、そのあいだに人々はより燃費のよい車を購入する。すると、郊外の人気が高まり、人々は以前よりもさらに車を運転するようになるかもしれない。

このように、未来は誰にもわからないのだ。

すべての出来事が子孫を産み、その一つひとつが特別な方法で世界に影響を与える。だから、予測が非常に難しくなるのだ。道理に合わない過去のつながりは、未来のつながりを予測する自信を失わせる。

もう一つ心にとどめておくべきなのは、**より広範な想像力を持つ**ということだ。

今日の世界がどのようなものであれ、今日当たり前と思えているものも、誰も思いもよらなかった些細なアクシデントのせいで明日には一変してしまうかもしれない。
出来事とは、お金のように複利的に積み重なっていくものだ。こうした複利の大きな特徴は、当初は小さかったものがどれだけ大きなものに成長するか、決して直感で理解できるものではないということだ。

次章では、**リスクがいかに無視されやすいか**を示す、また別の古い話をしよう。

2

SAME
AS
EVER

リスクはいつでも「想定外」

私たちは未来を予測するのがうまい。
予想外の出来事さえ起こらなければ。
この予想外の出来事こそ、
すべての問題なのだ。

知ってのとおり、人は未来を予測することが苦手だ。

しかし、ここでは次の重要なニュアンスが見落とされている。本来、私たちは未来を予測するのがとてもうまい――予想外の出来事さえ起こらなければ。この予想外の出来事こそ、すべての問題なのだ。

最大のリスクとは、いつだって誰も予想していないものである。なぜなら、誰も予想していないということは、誰もそれに備えていないということだからだ。誰もそれに備えていないのだから、当然それが起こったときのダメージは大きくなる。

このことを身をもって学んだ、ある男のちょっとした話をしよう。

NASAの宇宙服を着て溺死した宇宙飛行士

ロケットでの宇宙飛行を前に、NASAの宇宙飛行士たちは高高度気球（こうこうど）【訳注：高層大気に放たれる気球】に乗って数回にわたるテストを行なった。

一九六一年五月四日、アメリカ人のヴィクター・プラザーともう一人の宇宙飛行士を乗せた熱気球が、高度およそ三万五千メートルという、宇宙の端（はし）をかすめるほどの高さまで上昇した。目的は、NASAの新しい宇宙服を試すことだった。

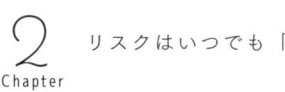

飛行は成功し、宇宙服も問題なく機能した。

地上に戻ってきたプラザーは、自力で呼吸できるくらいまで高度が下がったところで、新鮮な空気を吸おうと、ヘルメットのフェイスプレートを開いた。

彼は予定どおり海に着水した。しかし、そこでちょっとした不運なアクシデントが起こった。そこからはヘリコプターで安全な場所まで運ばれることになっていた。ヘリコプターの救助ロープと体を連結させている最中に、滑って海に落ちてしまったのだ。

これ自体は大した事故ではなく、救助ヘリの隊員も誰一人うろたえなかった。宇宙服は防水仕様になっていたし、浮力もあるはずだったからだ。

ところが、フェイスプレートを開けていたために、プラザーは水に無防備になっていた。海水が宇宙服に流れ込み、彼は溺死(できし)した。

人間を宇宙に送り出すのに、どれだけの計画を立てる必要があるか、考えてみてほしい。さまざまな専門知識を駆使して、いくつもの不測の事態に備える。もしこうなったら、さらにそのあとこうなったらと、どれだけ多くのことを想定するか。あらゆる細部に至るまで、何千人もの専門家が熟慮する。

おそらくＮＡＳＡは、かつてないほど計画重視の組織といえるだろう。胸で十字を切って幸運を祈るだけでは、月には行けない。考えうるリスクすべてについてプランA、プランB、プランCが用意されている。

それでも、そこまでの計画をもってしても、誰も想定していなかった些細な出来事が大惨事を招く。

投資アドバイザーのカール・リチャーズはこう述べている。

「リスクとは、あらゆる可能性を想定し尽くしたと思ったあとに残っているものだ」

これこそ、リスクの真の定義だ。想像しうる限りのリスクに備えたあとに残っているもの。**リスクとは、あなたには予想できないもののこと**なのだ。

なぜ賢い人が「未来を予測」できないのか

新型コロナウィルス、アメリカ同時多発テロ、真珠湾攻撃、世界恐慌など、影響力の大きなビッグニュースを見てみよう。これらに共通する特徴は、必ずしも規模の大きさではなく、どれも予想外だったという点だ。いわば、それらが起こるまで誰のレーダーにも映っていなかったということだ。

「好況のあとには不況がやってくる」は、経済における法則のようなものだ。歴史を振り返ってみれば、一九二〇年代、一九九〇年代後半、二〇〇〇年代前半といった好景気のあとに災難に見舞われていることは一目瞭然だ。「好況のあとの不況」は避けられないといえる。

歴史上、最も狂気じみた株バブルのピークにあり、世界恐慌の前夜でもあった一九二九年十月、経済学者のアーヴィング・フィッシャーが聴衆にこう語ったのは有名な話だ。

「株価は恒久的に高原のような状態に達した」

今、私たちはこのコメントを見て笑う。あれだけ頭の切れる人物が、なぜこれほど必然的なことを見逃したのだろうか？「度を越した好況が続くほど不況が厳しくなる」という法則に従えば、世界恐慌が起こるのは火を見るより明らかだったはずだ。

とはいえ、フィッシャーが賢い男だったのは間違いない。未来を予測できなかったのは、彼だけではなかった。

私は数年前、バブルに関する研究でノーベル経済学賞を受賞したロバート・シラーにインタビューを行なったが、その際に世界恐慌の必然性について尋ねてみた。彼は次のように答えた。

そう、誰も予測していなかった。まったくのゼロ。誰一人としてだよ。もちろん、株式市場が高値すぎると言っている人たちはいた。だが、それは、世界恐慌になるという意味だっただろうか？　十年に及ぶ不況が来ると？　誰もそんなことは言っていなかった。

何人かの経済歴史学者に、世界恐慌を予知していた人物の名を挙げてくれと頼んでみたが、誰の名前も挙がらなかった。

この話が頭から離れなくなった。後知恵に恵まれた現代の私たちは、狂騒の二〇年代の最後の年に起きた株価の大暴落が明白で必然であったことを知っている。しかし、その時代を生きていた人々、つまり一九三〇年代がまだ見ぬ未来であった人々にとっては、そうではなかった。必然のように見えるのに、当時生きていた人々には予測できなかった理由として、次の二つが考えられる。

- 過去のすべての人が妄想で盲目になっていた
- 現在のすべての人が後知恵に騙(だま)されている

一つ目だけが正解で、二つ目などあるわけがないと考えるのはおかしい。

『エコノミスト』誌——私も愛読している——は、毎年一月にその年の見通しについて発表している。二〇二〇年一月号には、新型コロナウィルスについて、まったく言及されていない。二〇二二年一月号には、ロシアのウクライナ侵攻について、やはりまったく言及されていない。

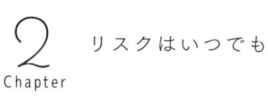

批判しているわけではない。どちらの出来事も、出版前の数カ月間に及ぶ企画の段階で知ることは不可能だったのだから。

とはいえ、ここが重要なポイントだ。とりわけ大きなニュース、大きなリスク、重大な出来事は、常に予想外のものであるということだ。

説明のしかたを変えよう。経済自体の先行きが不透明になることは、ほぼない。ただ、潜在的なリスクというものを認識できないだけなのだ。

「最大のリスクとは何か」と訊(き)くのは、「どんな驚愕(きょうがく)の事態が起こるだろうか」と尋ねるようなものだ。もし最大のリスクが何かを知っていれば、あなたはそれに対して備えるだろうし、備えていれば、リスクは小さくなるはずだ。**あなたの想像が及ばないことこそ危険なのであり、リスクを決して克服できないのはそのためである。**

それは今後も同じだと断言できる。この先の十年に起こるきわめて大きなリスクや重大ニュースについて、今は誰も話題にしていないはずだ。あなたがこの本をいつ読んでいようと、そのことに変わりはない。そう自信を持って言えるのは、それが常に真実だからだ。**予想できないからこそ、リスクが生まれる**のだ。

世界恐慌のような大事件ですら、当時その萌芽(ほうが)は既にあったにもかかわらず、多くの人は何が起こっているのか気づいていなかった。

今では周知のとおり、世界恐慌は一九二九年に始まった。しかし、一九三〇年に全米経済連盟の識者たちを対象に行なった、アメリカの最重要問題についての意識調査では、次の順番で回答が挙がってきた。

一　司法省
二　禁酒法
三　法律軽視
四　犯罪
五　警察
六　世界平和

そして、失業は……第十八位だった。

翌年、つまり、世界恐慌に突入したと現在考えられている年から丸二年が経過した一九三一年になってはじめて、失業は禁酒法、司法、警察に次ぐ第四位となった。

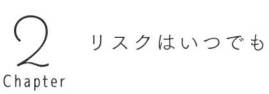

ここが世界恐慌のとても恐ろしいところだ。誰一人として起こると予想していなかったから、誰一人としてそれに備えていなかった。だから、人々は経済面（借金の返済）でも、精神面

（突然の損失によるショックと悲しみ）でも、世界恐慌に対処できなかったのだ。

このことを理解するにはまず、**世の中で起こっていることに対する人間の視野がいかに狭いか**という事実を受け入れる必要がある。

一九四一年に大統領図書館が開館したとき、フランクリン・デラノ・ルーズベルトは館内を見渡しながらクスクスと笑った。なぜそんなに楽しそうなのかと記者に尋ねられ、大統領はこう答えた。

「歴史家たちは過去の出来事について、その原因を突き止めたくてここへ来るだろうが、そんなものは見つかりはしない。そう思うと、笑えてくるじゃないか」


私たちには知らないことがたくさんある。それは未来だけではなく、過去についてもそうだ。歴史は次の三つを示すにすぎない。一、写真に撮られたもの。二、誰かが書き留めたものや記録したもの。三、歴史家やジャーナリストがインタビューしたいと望み、インタビューを受けることに同意した人々が語った言葉。

これまでに起こった重要な出来事の何パーセントが、この三つに含まれるだろうか？　それは誰にもわからないが、ほんの微々たるものだろう。そして、いずれの三つも誤った解釈、情報不足、脚色、嘘（うそ）、都合のいい記憶などによって歪（ゆが）められている。

人間の視野はとても狭いので、現在起きていることであれ過去の出来事であれ、私たちは、未知の出来事、注意の及んでいない出来事、悪い予兆である出来事を、つい甘く考えてしまう。顔に日差しを浴びながらおもちゃで嬉しそうに遊び、満足げに微笑んでいる子どもを思い浮かべてほしい。

彼らの頭の中では、何もかもが最高だ。子どもたちの世界は身の回りだけで完結する。ママがここにいて、パパがあそこにいて、おもちゃが近くにあって、お腹いっぱい。子どもたちにとっては、人生はそれで完璧だ。知るべきことはすべて知っている。

子どもたちが気づいていないのは、もっと壮大なことだ。三歳児には、地政学という概念はまったく想像できない。金利の上昇が経済に打撃を与えるとか、給料が必要な理由とか、そもそも職業とは何かとか、がんのリスクとか、眼中にも入らなければ、考えも及ばない。

心理学者のダニエル・カーネマンはこう述べている。

「自分が信じているもののすべてが、自分が予想できないものによって否定されるなどと、我々は夢にも思わない」

厄介なことに、大人たちも同じように、世の中で何が起こっているのか、わかっていない。

二〇〇一年九月十一日の朝、アメリカ同時多発テロが発生する数分前に放送されたニューヨークのローカルニュース番組の映像は忘れられない。それはこう始まる。

「おはようございます。午前八時、気温は十八度。九月十一日火曜日です……今日は一日中晴れて、よい日になりそうです。実に九月らしい、素晴らしい天気ですね。午後の気温はおよそ二十七度まで……」

リスクとは、あなたには予想できないものなのだ。

「予測」ではなく「備えること」に注力せよ

当然ながら、「リスクを予想できないこと」に対して、あなたにできることはあまりない。リスクとはそういうもの、というだけだ。

想像できないものについて計画を立てるのは不可能だし、あらゆることを想定したと思えば思うほど、考えもしなかったことが起こったときのショックは大きくなる。

しかし、次の二つの考え方が、そんなあなたの助けになってくれるかもしれない。

一つ目は、カリフォルニア州の地震に対する考え方と同じように**リスクについて考える**こと。いつか州内で大地震が起こることはわかっている。だが、いつ、どこで、どの程度の規模で起こるかはわからない。具体的な予測が発表されていなくとも、救急隊員は出動態勢を整えている。建物は、一世紀やそこら起こりそうもない地震に耐えられるように設計されている。作家でトレーダーのナシーム・タレブはこう述べている。

「予測ではなく、備えることに投資しろ」

これぞ核心をついた言葉だ。

「リスクに対する備えを始める前に、どんなリスクがあるか具体的な予測が必要だ」と考えるのは危険である。いつ、どこで起こるかわからないが、危害・損害などを被る(こうむ)可能性はあると予想しているほうが、根拠のない予測や言わずもがなの見解に頼るより、よほどいい。「予想」と「予測」は別物であり、リスクが想定できないのであれば、前者は後者よりも役に立つ。

二つ目は、**想定できるリスクに備えるばかりで、想定できないリスクへの備えはまるでできていない事実に気づく**こと。よって、個人のふところ具合については、貯蓄額が少し多すぎると感じるくらいがちょうどよい。貯めすぎかなと、少しうろたえるくらいでよいのだ。

借金の返済額についても同じだ。あなたがどのように考えようと、実際にはそれより少ない額しか返済できないだろう。どんな歴史的大事件だって、起こるまではバカげた話にしか聞こえないのだから、個人の備えなどそうそう役に立たないはずだ。

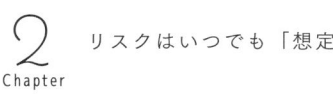

多くの場合、備えが不充分になるのは、事前に計画を立てなかったせいではない。世界有数の頭脳を持つ専門家たちが、想像しうるあらゆるシナリオを想定して、不眠不休で準備したと

ころで、失敗するときは失敗する。彼らは理解の及ぶすべてを計画し尽くしてなお、想像もしなかった事態に見舞われたのだ。

有名奇術師を襲った「不意の一撃」

奇術師のハリー・フーディーニは、会場にいる観客の中でいちばん強そうな男を舞台の上に招いた。そしてその男に、腹を思いきり殴ってくれと頼んだ。

アマチュアのボクサーでもあったフーディーニは、どんな男のパンチにも怯(ひる)むことなく耐えられると観衆に告げた。このパフォーマンスも、有名な脱出マジックと同じように、物理の常識を超えた身体の神秘を見せることで、人々を熱狂させていた。

一九二六年、フーディーニは終演後にある学生のグループを楽屋に招いた。そのうちの一人、ゴードン・ホワイトヘッドという男子学生が歩み寄り、なんの前触れもなくフーディーニの腹を殴りはじめた。

ホワイトヘッドに悪気はまったくなかった。ただ、さっきフーディーニが披露したパフォーマンスをもう一度見たいと思っただけだった。

しかし、舞台上とは違って、フーディーニは殴られる準備をしていなかった。パフォーマンスの前にいつもやっているように、みぞおちを曲げて姿勢を安定させることも、息を止めることもしていなかったのだ。不意を突かれた彼は、見るからに苦しそうにホワイトヘッドを払い除(の)けた。

翌日、目を覚ましたフーディーニは痛みに身を屈(かが)めた。

虫垂(ちゅうすい)が破裂していた。ホワイトヘッドのパンチが原因なのは、ほぼ間違いなかった。

その後まもなくして、フーディーニは死亡した。

おそらくフーディーニは、大きなリスクを切り抜けることにおいて、歴史上最も秀でた才能の持ち主だった。鎖(くさり)で縛って川に投げ込んでも？　大丈夫。生きたまま砂に埋めても？　問題ない。彼なら数秒のうちに脱出できた。なぜなら、ちゃんと計画を立てていたから。

では、予想しておらず、準備をしていなかった、学生からの軽い一突きは？

それこそが最大のリスクだった。

予想外の出来事とは、いつもそういうものだ。

次章では、**私たちが抱く期待**について、そして、**ほぼすべてがうまくいっているのに、幸せを感じられない人生の悲劇**について話そう。

3

SAME
AS
EVER

「期待」と「現実」のギャップ

幸せの第一の法則は、
期待しすぎないこと。

あなたの幸せは、何よりもあなたの期待の大きさにかかっている。だから、ほとんどの人にとってよいほうへ進展していくのが普通であるこの世の中で、「ゴールポストを動かさない」（期待を大きくしすぎない）ことこそ、生きるうえで重要なスキルとなる。これがかなり難しい。

歴史では、次のようなことがよく起こる。物事がよいほうへ進展し、富が増え、新たなテクノロジーによる効率化が進み、医療が命を救う。生活の質は向上する。すると、人々の期待はその分だけ、いや、それ以上に高まる。なぜなら、これらの進歩は周囲の人々にも同じだけの恩恵をもたらすからだ。あなたはほかの人たちに負けまいと、さらなる恩恵を期待する。世の中がよくなっても、その分だけ幸せになるわけではないのだ。

それはいつの世も同じだった。思想家のモンテスキューは二百七十五年前にこう書いている。**「ただ幸せになりたいなら、なるのは簡単だ。だが、ほかの人より幸せになりたいと願うなら、それは常に難しい。というのも、人はみな自分より他人のほうが幸せだと思っているからだ」**

石油王のジョン・ロックフェラーが、抗生物質のペニシリンや日焼け止め、そして鎮痛・解熱薬のイブプロフェンを手にすることはなかった。しかし、イブプロフェンも日焼け止めも手に入るからといって、現代のアメリカに住む低所得者がロックフェラーよりも幸せを感じているかというと、そうとはいえない。人間の頭はそのようには働かないのだ。

人は周りにいる人々と比較して自分の幸福度を測る。それゆえ周囲の人々の暮らし向きがよくなると、それまで贅沢品だったものがあっという間に必需品となる。

「世界は欲によって動かされているのではない。嫉妬によって動かされているのだ」と投資家のチャーリー・マンガーはかつて指摘した。

一九五〇年代のちょっとした話を交えながら、マンガーの意味するところを説明しよう。

なぜ「あの頃はよかった」と懐かしんでしまうのか

一九五三年一月の『ライフ』誌の特集記事はこんなふうに始まる。

「現在も近い将来も、驚くほど好調のようだ。昨年一年を通して、アメリカは史上最高の経済的発展を遂げたばかりである」

それが実現できたのは、「社員に有益な仕事をしてもらうには給与や労働環境が納得できる条件であることが必要といった新たな認識が経営層に広まり、完全雇用が十年連続で達成された」からだ。

あまりに迅速に、あまりに多くの人に富がもたらされたため、世の中は衝撃に揺れた。『ライフ』誌には、あるタクシー運転手のこんな言葉が掲載されている。

「一九三〇年代には、どうやったら食べていけるかで悩んでいた。それが今や、車をどこに停めたらいいかで悩んでいる」

この言葉に驚かないとしたら、一九五〇年代こそ、中産階級が最も繁栄した黄金時代として記憶に刻まれているからだ。「アメリカのいちばんよかった時代はいつか」とアメリカ国民に尋ねると、たいてい一九五〇年代が上位に来る。現代と比較するとどうか？　状況が違いすぎるので、比較のしようがない。ただ、一九五〇年代を思い出すと、「あの頃はよかった」という抗いがたい気持ちになるのだ。

一九五〇年代の典型的なアメリカ人の生活を懐かしむときに、誰もが思い浮かべるイメージがある。地政学予測の専門家ジョージ・フリードマンは、かつて次のように述べた。

一九五〇年代から六〇年代にかけて、一人が働いて——夫が働き、妻は専業主婦になるのが一般的だった——得られる平均所得で、家庭を築き、およそ三人の子どもを養うことができた。郊外に質素な住宅を手に入れ、新車と中古車を一台ずつ購入して、どこかへドライブに出かけたり、じっくり貯金したりできるだけの余裕があった。

一九五〇年代のこうしたライフスタイルのイメージは、あながち間違いではない。平均的なアメリカの家庭には、確かに稼ぎ頭の夫と三人の子ども、そしてスポットという名の犬がいた。しかし、このような典型的な家庭が、今よりも幸せだった――より豊かで不安が少なかった――という考えは、ほぼどのような基準から見ても、簡単に否定できる。

一九五五年のインフレ調整後の世帯年収の平均は、二万九千ドルだった。一九六五年は四万二千ドル、二〇二一年は七万七百八十四ドルだった。

『ライフ』誌は、一九五〇年代を「一九二〇年代に生きていた人には信じられないような豊かさ」と表現した。今も同じである。一九五〇年代の家族にしてみれば、孫世代が自分たちの二倍以上も稼ぐようになるなんて、思いもしなかっただろう。

収入が増えたのは、労働時間が増えたからでも、ましてや就労する女性が激増したからでもない。インフレ調整後の平均時給は現在、一九五五年より五〇パーセント近く高くなっている。

現在のいくつかの経済不安を一九五〇年代の家族が聞いたら、きょとんとするに違いない。

一九五〇年当時の住宅所有率は、現在より一二パーセント低かった。

平均的な住宅は、居住者数が今より多かったにもかかわらず、広さは現在の三分の一だった。

平均的な家庭の家計に占める食費の割合は、一九五〇年では二九パーセントだったのに対し、現在は一三パーセントである。

職場での死者数は、今の三倍にのぼった。

これが、私たちが憧れる豊かな時代なのだろうか？

答えはイエスである。その理由を理解することが大切だ。

「私と似た境遇の人は、どんな生活を送っているの？」

ベン・フェレンツの幼少時代は過酷だった。移民だった彼の父親は英語が話せず、職にもつけず、イタリア系マフィアが支配し、暴力が日常茶飯事だったニューヨークのある地域に住みついた。

しかし、そうした状況を両親が苦にする様子はなかった、とフェレンツは言う。むしろ彼らは感激していた。フェレンツはこう振り返っている。

厳しい生活だったが、両親はそのことに気づいていなかった。なぜなら、移住前の暮らしはもっと厳しかったからだ。だから、なんであれ、ステップアップだったのだ。

フェレンツ一家は、ホロコーストのユダヤ人迫害から逃れるためにルーマニアを離れた。真冬に船のオープンデッキに乗って、凍え死にそうになりながらアメリカにやってきた。のちにベンは弁護士になり、第二次世界大戦後に連合国がナチスの戦争指導者を裁いたニュルンベルク裁判で、ナチスの戦犯を訴追した。彼は、私が出会った中でも最高に幸せな人物だった。

期待のしかた次第で、現在の状況に対する解釈は驚くほど変わってくるものだ。

アフリカの極貧家庭で育った友人がいる。彼は現在、カリフォルニア州でハイテク企業に勤めているが、今でも温かい料理を食べると感動するという。彼にとって驚きなのは、アメリカには食料があり余っていることだ。私からすれば、こちらがなんとも思わないようなことに彼が大きな喜びを見出していることのほうが驚きだ。

二〇〇七年、『ニューヨーク・タイムズ』紙は、恋愛・結婚マッチングサイトMatch.comを設立したゲイリー・クレメンにインタビューした。当時、クレメンは四十三歳にして一千万ドルの資産があった。これは、国内の上位一パーセントのさらに上位半分、世界ではおそらく上位一パーセントの上位千分の一に入る資産額だ。しかし、シリコンバレーは彼を別人に変えてしまった。クレメンはこう述べた。

「資産一千万ドルを所有する人間など、ここにはごまんといる」

『ニューヨーク・タイムズ』紙にはこう書かれている。

「彼（クレメン）は週に六十時間から八十時間も働く。というのも、自分はのんびりしていられるほど裕福ではないと思っているからだ」

客観的な富といったものは存在せず、すべては比較で成り立っている。しかも、たいていの場合、比較対象は周りにいる人々だ。周りの人たちと比較して、どう生きるか、何に期待するかを決めるほうが楽なのだ。実際、誰もがそうしている。無意識であろうとそうでなかろうと、誰もが周囲を見回し、こう言っている。

「私と似た境遇の人たちはどんなものに囲まれ、どんな生活を送っているだろう？　自分も同じようにしなければ」

この事実は、どこを取っても昔よりはるかによい生活を送っている現代人が、一九五〇年代に憧れる理由を理解する手がかりとなる。

「所得に見合わない期待」をせずにすんだ世代

幸せをお金で買うのは、快楽をドラッグで得るのと同じだ。正しい使い方をすれば最高の気分になれるが、弱さを隠すのが目的なら危険が伴う。また、いくらあっても満足できなくなると悲惨である。

一九五〇年代が傑出していた点は、それ以前もそれ以降もできなかった方法で経済のバランスが取れたところだ。

第二次世界大戦は、経済的にも社会的にもアメリカに大きな影響を残した。一九四二年から四五年までのあいだ、事実上すべての賃金は全国戦時労働委員会によって決められていた。彼らは、より均一な給料——低所得者と高所得者の格差が小さいということ——をよしとした。

その指針の一部は賃金統制が撤廃されたあとも根強く残り、戦前まであった階級間の所得格差は著しく縮小した。終戦から数年後、歴史家のフレデリック・ルイス・アレンは、経済的利益の大部分が最も所得の低い人々に回されたことで、貧富の差が大幅に縮まったと指摘した。

一九五〇年代を見て、「ほかの時代と違って、何がそこまで素晴らしいと感じさせるのか？」と問うなら、これこそが一つの答えだ。つまり、自分と周囲にいる人々との差があまり大きくなかったのだ。

こうした状況が、あまり期待せずにすむ時代を生んだ。なぜなら、自分が暮らすコミュニティの中に、自分よりもはるかに恵まれた暮らしをしている人は、ほとんどいなかったからだ。

多くの国民（全員ではない）は、自分が快適な生活を送っているというだけでなく、周囲の人たちにも劣らない快適な生活を送っていると感じることができた。

これこそ、一九五〇年代がほかの時代とは異なる点だ。

現在よりもかなり低い賃金でも幸せに感じられたのは、ほかのみんなも同じくらい賃金が低かったからだ。

ほかのみんなも同じくらい狭い家に住んでいたから、今より狭い家でも満足できた。

近所の人もまともな医療を受けられていなかったから、その状況を受け入れられた。

ほかのみんなも着ていたから、おさがりの服でも気にならなかった。

ほかのみんなも休暇にはキャンプに行っていたから、それで充分だった。

それは、近代では唯一、社会的圧力がそれほどないおかげで、所得に見合わない期待をせずにすみ、経済成長がそのまま幸せにつながった時代だった。人々は実際に裕福になっただけでなく、裕福になったと感じられたのだ。

「期待値」が大きいほど人生は苦しくなる

むろん、そんな時代は長くは続かなかった。

一九八〇年代初めになると、五〇年代や六〇年代を支配していた戦後の一体感は薄れ、格差の目立つ成長へと移り変わっていった。この時代、大半がゆっくりと歩みを進めていた一方で、ごく少数の人たちは一気に裕福になった。そうした限られた人々の輝かしいライフスタイルは、多くの人に憧れを抱かせた。

ロックフェラーは、イブプロフェンの存在を知らなかったから、それに憧れもしなかった。しかし、今日では、ソーシャルメディアの新機能によって、世界中の誰もが他人のライフスタイル――たいていは誇張され、偽装され、美化されたもの――を見ることができる。よい部分だけが強調され、悪い部分は見えないよう編集された、自分と似たような人たちの人生のハイライト動画を見て、自分と比較する。

心理学者のジョナサン・ハイトによると、人々はソーシャルメディアを「実際にコミュニケーションを取る」よりも、「自分をアピールする」ことに使う傾向があるという。あなたはほかの人が運転する車、住んでいる家、通っているエリート学校を見る。

あれが欲しい。どうして私にはないの？　どうしてあの人は手に入れられて、私は手に入れられないの？

そんな不満を口にすることが、ほんの数世代前よりも格段に増えている。

今の経済は、次の三つのものを生み出すことに長けている。**富、富を見せびらかす能力、他人の富に対する強い嫉妬**だ。

この数十年のうちに、あたりを見回して、よくこう言うようになった。

「自分は前より多くのものを持っているかもしれない。でも、あの人と比べると、大したことない気がする」

こうした嫉妬が役に立つ場合もある。「あの人たちが持っているものを私も欲しい」と思うことは、成長の大きな原動力となるからだ。

それでも、問題点は変わらない。より高い収入、富、大きな家を手に入れても、また期待がふくらみ、その分、息苦しくなる。

一九五〇年代のほうがよかった、公平だった、旧体制を立て直す努力をすべきだ、と言っているわけではない。それはまた別の話だ。

ただ、一九五〇年代をよい思い出として懐かしむのは、自分を取り巻く環境がどれだけよくなろうと、それを上回る速さで期待値が上がればどうなるかを、とてもわかりやすく教えてくれるからだ。

これは多くの点で、今までも、これからも変わらない。他人が持っていて自分が持っていないものを手に入れたいと思うのは、ほとんどの人に備わった避けられない性質なのだ。

また、この性質は、**幸せな人生を送りたいなら、期待しすぎないことがいかに重要か**を教えてくれる。

「期待の度合い」を賢く制御できるか

期待していたのと違う、という例はたくさんある。
俳優のウィル・スミスは、自伝にこう書いている。

・有名になるのは素晴らしい
・有名でいるのは悲喜こもごも
・名声を失うのは惨め

名声の大きさは、さほど問題ではない。無名から少し有名になると、期待していた人生と現実とのあいだに大きなギャップが生まれる。名声を失うときも同じだ。しかし、「有名でいる状態」とは、ひたすら自分の期待に応えつづけているだけだ。

テニスの大坂なおみ選手は、キャリアを積んでいくうちに、トーナメントで優勝しても喜びを感じなくなってしまったという。

「むしろ、ほっとした気分になります」と彼女は言った。

小売業で失敗し、農業で失敗し、亜鉛採掘業で失敗し、石油採掘業で失敗し、地元ミズーリ州の実業家たちに飼い馴らされた上院議員だったハリー・トルーマンが、フランクリン・ルーズベルトの死後に大統領になったとき、ほぼ全国民から非難の声が上がった。『ワシントン・ポスト』紙は、こう書いた。

「トルーマン氏の経験値と、彼に課せられた責任とのあいだに大きな隔たりがあることを認識しているなら、この由々しき瞬間にはっきりと声を上げるべきだ」

デヴィッド・マカルーは、こう書いている。

「多くの人々にとって、それは人類で最も偉大な人物が逝去したというだけでなく、人類で最も卑小な人物――少なくとも、そうである可能性がある人物――がその座を引き受けたということだった」

現在、トルーマンは歴史家が選ぶ歴代大統領のトップテンに常にランクインしており、ルーズベルトよりも上位になることも少なくない。

その理由の一つとして、私は次のように考えるようになった。すなわち、トルーマンの能力に対する人々の期待があまりにも低かったがために、彼がリーダーシップの資質を少しでも発揮すると、みながそのギャップに仰天してしまったのだと。小さな成功でも驚きであり、大きな成功はまるで奇跡のように感じられたのだ。

以上のどのケースも、実際の状況がどうだったかは、あまり関係ない。**「期待したもの」と「現実」とのあいだに大きなギャップがあるときに、人は感情を揺さぶられる**のだから。

そう考えると、期待がいかに強力なものかがわかる。期待はセレブを惨めな気分にさせることもできるし、貧困家庭を幸せな気分にさせることもできる。なんとも驚くべき力だ。誰もが、どんな場所にいようと、どんな役割を担っていようと、ただ理想と現実とのギャップを埋めようともがいているにすぎないのだ。

だが、このことはとても見落とされやすい。

防衛・航空宇宙コネクタメーカーのグレンエア社のCEOであり、傑出した頭脳の持ち主であるピーター・カウフマンは、かつて次のように書いた。

たいてい、人は、物質的な財産を守るために、あらゆる予防策を講じる。その一方で、もっとはるかに大事なものを蔑（ないがし）ろにしている。なぜなら、それらには値札がついていないからだ。お金を払って手に入れるものではないがために、目が見えること、人との結びつき、自由といったものの真の価値がわからないのだ。

期待も同じだ。その価値に値札がついていないために、簡単に見過ごされてしまう。
しかし、あなたの幸せは期待にとことん左右される。
上司があなたに何を期待するかで、あなたのキャリアの評価も変わってくる。
消費者が何を期待するかで、商品への信頼も変わってくる。
人々が何を期待するかで、株式市場の動きも変わってくる。
それなのに、なぜ私たちは期待にほとんど注意を払わないのだろう?

人は収入、スキル、未来を予測する能力を向上させようと懸命に努力する。もちろん、どれも注目に値する立派なものだ。しかし一方で、何にどれくらい期待するかということには、ほとんど注意を払わない。状況を変えたいと必死になるにもかかわらず、自分の期待を制御しようとは考えもしないのだ。

ほぼすべてがよいほうに向かっているのに、それに合わせて自分の期待も高まるせいで、ちっともよくなっていると思えない人生を想像してみてほしい。なんと恐ろしいことか。実際に何も進歩しない世界と同じくらい最悪だ。

この「メンタル・ゲーム」のルールと戦略をマスターせよ

「あなたはとても幸せで満ち足りているように見えます。幸せな人生を送る秘訣はなんでしょう？」と訊かれ、当時九十八歳だった伝説の投資家、チャーリー・マンガーは次のように答えた。

幸せな人生を送る第一の法則は、期待しすぎないことだ。現実的でない期待をしてしまうと、生涯ずっと惨めな思いをすることになる。そこそこ期待しつつ、人生の結果を、よいことも悪いことも、起こったときにある程度の冷静さをもって受け止めたいものだ。

友人のブレントは、結婚について似たような理論を持っている。彼曰く、結婚がうまくいくのは、相手からの見返りを期待せずに、ただ「相手の役に立ちたい」と思うときだけだという。互いにそう思えば、互いに嬉しい驚きを味わうことができる。

こうしたアドバイスは、言うは易く行なうは難しだ。高い期待とモチベーションとを区別するのは、しばしば難しいと思う。また、「期待しない」とは、あきらめているような、自分の可能性を狭めているような気分にもなる。

そうならないためには、次の二つのことを認識するしかないだろう。

まず、富と幸福には、二つの要素――既に手に入れているものと、期待しているもの／欲しているもの――があることを常に心にとどめておこう。どちらも等しく重要であるとわかれば、より多くのものを手に入れることに夢中になり、過度な期待を抱くことはナンセンスと気づくだろう。しかも、「意識して期待しすぎないようにする」ほうが、「欲しいものを手に入れる」よりもはるかに簡単なのだから、なおさらだ。

もう一つは、「期待値ゲーム」のやり方を把握（はあく）することだ。これはメンタルのゲームであり、ときにイライラしたり苦痛を感じたりすることもあるが、誰もがやらざるをえないので、ルールと戦略を知っておいたほうがいい。

それはこんな感じだ。自分の人生も、世の中全体もよくなってほしいと人は考える。だが、ほとんどの場合、心の底からそう望んでいるわけではない。本当は、「期待したこと」と「実際に起こったこと」のギャップを感じたいのだ。期待値は、環境をどうにかするよりも、自分の意識でコントロールできることが多いので、決して無視しないこと。

次は、世の中で最も複雑ともいえるトピック――つまり、**人間の心**について見ていこう。

4

SAME AS EVER

「常識外れ」とは何か

あなたが好むようなユニークな方法で
世の中について考える人は、
あなたが好まないようなユニークな方法でも
世の中について考える。

世界最高のマラソン選手エリウド・キプチョゲは、二〇二一年の東京オリンピック開催中、控え室で待ちぼうけをくらっていた。マラソン競技を終え、オリンピック連覇を達成した彼は、ほかの二人の選手――ベルギー代表のバシル・アブディと、オランダ代表のアブディ・ナゲーエ――と一緒に、メダルの授与式が始まるのを今か今かと待っていた。

表彰式の準備が整うまで、選手たちは狭く薄暗い部屋で何時間もただ座って待っているしかなかった。その間、アブディとナゲーエは、こういう状況で誰もがするであろうことをしていたと、のちに語っている。つまり、携帯電話を取り出し、Wi-Fi のネットワークを探し、ソーシャルメディアをなんとなくスクロールして眺めていたそうだ。

しかし、キプチョゲは違った。

アブディとナゲーエによると、彼はただそこに座り、一言も話さず満ち足りた様子で壁をじっと見つめていたという。

何時間も、ずっと。

「彼は人間じゃないんだよ」とアブディは冗談を言った。

彼は人間じゃない。

キプチョゲは普通の人のように考えたり、行動したり、振る舞ったりしない。

あなたがロールモデルとする人々の大半は、こんなふうに言われているだろう。あなたがそうした人々を好きなのは、彼らがほかの人なら考えもしない、あるいは理解さえできないようなことをやってのけるからだ。

確かにそれらの性質のいくつかは素晴らしく、あなたが尊敬するのも当然で、真似してみたくもなる。

しかし、それ以外の性質は違う。ほとんどの性質は素晴らしくもないし、真似してみたくもない。

人間には、次のような傾向が備わっている。**あなたが好むようなユニークな方法で世の中について考える人は、ほぼ間違いなく、あなたが好まないようなユニークな方法でも世の中について考えている。**

この点はとても見過ごされやすく、誰を尊敬すべきか、大きな成功をおさめた人たちに何を期待すべきかについて、私たちの判断を鈍らせる原因となっている。

重要なのは、**ユニークな考え方は丸ごと受け入れるしかない**ということだ。なぜなら、彼らが人々から称賛されている部分と、軽蔑されている部分とを切り離すことはできないからだ。

ここで少し、誰からも必要とされながら、誰からも愛想を尽かされた戦闘機パイロットの話をしよう。

天才・奇才に「一般常識」は通じない

ジョン・ボイドは、おそらく史上最高の戦闘機パイロットだった。

ボイドは誰よりも大きな改革をこの分野にもたらした。彼が書いた『航空攻撃研究』は、戦闘機の機動作戦のマニュアルだが、技術者が航空機を製造するときと同じくらい数学が多用されている。

彼の視点はシンプルながら説得力があった。たとえば、空中戦で優位に立つには、飛行機がどれだけ速く高く飛べるかではなく、どれだけ素早く進路を変えて上昇を開始できるかのほうが重要であるという。このボイドの発見は、パイロットたちの考え方だけでなく、航空機の製造方法までも変えることになった。ボイドは、いわば空飛ぶ学者だった。二十代のときに書かれたこのマニュアルは戦闘機パイロットの公式戦術手引きとなり、いまだに使用されている。

ボイドは、軍事史上最も影響力のある思想家の一人として知られている。しかし、『ニューヨーク・タイムズ』紙は、かつて彼を「事実上、存在を抹殺された人間……空軍においても」と表現した。

というのも、ボイドは頭脳明晰（めいせき）であると同時に、狂気じみていたからだ。

彼は無礼だった。言動が突飛で、反抗的で、短気だった。同僚が驚いてしまうほど上官に向かって怒鳴り散らすこともあれば、一度は暖房のきかない格納庫に火をつけたとして軍法会議にかけられたこともあった。会議中には、よく手のたこを噛(か)みちぎってテーブルの上に吐き捨てていた。

空軍はボイドの洞察力を高く評価し、必要とした。しかし、ボイドという人間には我慢ならなかった。

ボイドの決定的な特徴は、航空機の操縦について、ほかのパイロットとはまったく違う考え方をしていたことだ。彼はまるで、脳の通常とは異なる部分を使って、ほかの人とは違うゲームをしているかのようだった。

それゆえに、当然ながら、彼に一般常識など通じなかった。そのため、上官はある業績報告書で、ボイドの貢献を絶賛しながらも昇進には否定的見解を示した。

ある新聞の批評にはこう書かれている。

「この卓越した若い将校は、独創的な思考の持ち主である」

だが、そのあとにこう続く。

「彼は気性が激しく短気で、厳しく監督されるとうまく対応できない。自分の計画に口を出されることにまったく我慢がならない」

ボイドが戦闘機の機動作戦についての革新的なマニュアルを書いている最中に、二人の大佐が彼の昇進を却下した。

最終的に、ボイドは昇進した。優秀すぎて、昇進させないわけにはいかなかったのだ。

だが、その後も、彼は多くの人を苛立たせ、誰もが彼の扱いに手を焼いた。よい点、悪い点、不愉快な点、ときに法に反する点もあったが、あらゆる点で彼はユニークだった。

「成功している人」は恐ろしいほど極端

経済学者のジョン・メイナード・ケインズは、オークションでアイザック・ニュートンの論文の原本を大量に購入した。

その多くはケンブリッジ大学に何世紀ものあいだしまい込まれていたため、人目に触れたことがなかった。

ニュートンといえば、おそらく史上最も知的な人物だろう。しかし、ケインズが驚いたことに、ニュートンの論文の多くが錬金術や魔術、不老不死の薬を探す試みに捧げられていた。

ケインズは次のように書いている。

少なくとも十万ワードという膨大な量に目を通したはずだ。それらが、まったくもって魔術的で、まったくもって科学的価値に欠けていることはどうにも否定できないし、またニュートンが何年も魔術の研究に没頭していたことを認めないわけにはいかない。

ニュートンは魔術に夢中になっていたにもかかわらず天才だったのか？　それとも、信じられないようなものに関心を持っていたからこそ、あれほど成功できたのか？

答えを知ることはできないだろう。だが、クレイジーな天才が、ときに本物のクレイジーに見えるのは、ほぼ避けられない。

映画『パットン大戦車軍団』の中に、第二次世界大戦時の伝説的な将軍ジョージ・パットンが、戦後にロシアの将軍に会うシーンがある。通訳を介して、ロシアの将軍が乾杯の音頭（おんど）を取る。

「将軍に敬意を表して」とパットンは言う。

「だが、私は彼とも、ほかのロシアのクソ野郎とも飲む気はない」

通訳の女性は呆気（あっけ）に取られ、そのメッセージは伝えられないと言う。しかし、パットンは譲らない。

ロシアの将軍も通訳を介して、パットンだってクソ野郎だろうと応酬する。

パットンはヒステリックに大笑いしながら、グラスを上げて言う。

「これで飲めるぞ。クソ野郎からもう一人のクソ野郎へ！」

このシーンには、**成功している人々がどれほど極端か**が見事に凝縮されている。いうまでもなく、彼らには常識外れなところがある。だからこそ成功しているのだ！　そして、この世の中、その常識外れなところすべてを、ポジティブで、洗練されていて、親しみやすく、魅力的だと思わなければならない理由はどこにもない。

イーロン・マスクの常軌を逸した二面性

私が長らく真実だと思ってきたこと、そして、誰もがよく考えれば必ず思い至ることだが、**ある一つのことに異常なまでに優れた人は、ほかのことが異常なまでに苦手な場合が多い。**あたかも、脳が許容できる知識と感情の量は限られており、異常なスキルがその人の脳から容量を奪ってしまっているかのように。

イーロン・マスクを例に取ろう。

いったいどこの三十二歳が、ＧＭ（ゼネラル・モーターズ）、フォード、ＮＡＳＡを一挙に敵に回そうと思うだろうか？　それは完全に常軌を逸した人間だ。一般常識など自分には当てはまらないと考える人。自己中心的だからではなく、純粋に、骨の髄までそう信じている人。

たとえば、ツイッター【訳注：現在はX】のマナーなど気にしないような人だ。

火星へ移住するために平気で私財をなげうつような人物は、「大口を叩いたせいで炎上するのではないか」と気にしたりしない。火星の大気中に核爆弾を落としつづけることで火星に人間が住めるようにしようと提案するような人は、「現実離れしたことを言っているかもしれない」と不安になったりしない。

人類はコンピュータのシミュレーションである可能性が九九・九九九九パーセントだと言うような人は、株主に守れもしない約束をして心配したりしない。

仮設テントにテスラ・モデル3の組み立てラインを再構築して数日のうちに、洞窟(どうくつ)に閉じ込められたタイの少年サッカーチームを救おうとし、さらにその数日後にミシガン州フリントの水汚染問題の解決を約束するような人は、弁護士の署名を重要な手続きと考えたりはしない。

人々はマスクの「先見の明」のある天才的な側面を愛する一方で、常識にとらわれない独自の考え方で行動する側面は受け入れがたいと思っている。しかし思うに、この二つの側面は切り離せない。この二つは、一人の人間における性格特性の一得一失(いっとくいっしつ)なのだ。

戦闘機パイロットのジョン・ボイドもそうだった。

天才であると同時に、鬼のような社長にもなれたスティーブ・ジョブズもそうだった。

ウォルト・ディズニーもそうだった。彼の野望によって、関わったすべての会社は倒産の危機に追い込まれた。

元国家安全保障問題担当大統領補佐官のマクジョージ・バンディは、月に行くなど常軌を逸した目標だと、かつてジョン・F・ケネディ大統領に言った。ケネディはこう答えた。

「不屈の精神がなければ、四十代で大統領選に出馬などしないよ」

その人物を本当に「自分の目標」にしてよいか？

以上から、信じられないようなことを成し遂げられる人はたいてい、同じくらい強烈に裏目に出る可能性のあるリスクを取っていることを理解する必要がある。

成功した企業や大国のトップに上り詰めるのは、どんな人だろうか？

決断力があり、楽観的で、ノーと言われても引き下がらず、自分の能力にどこまでも自信があるような人だ。

やりすぎたり、無謀なことに手を出したり、どう見ても明らかなリスクを無視したりするのは、どんな人だろうか？

決断力があり、楽観的で、ノーと言われても引き下がらず、自分の能力にどこまでも自信があるような人だ。

平均回帰【訳注：平均とかけ離れた事象が起こったあとに、かなりの確率で平均に近い事象が起こること】は、歴史上、何度も繰り返し起こっており、経済、市場、国、企業、キャリアなど、あらゆるものを大きく特徴づけている。平均回帰が起こるのは、ある人をトップに押し上げる性格特性が、同時にその人を崖っぷちに追い込む確率を高めるからだ。

このことは、国、とりわけ帝国についてもいえる。さらなる土地を手に入れて勢力を拡大しようとする国が、「よし、もう充分だ。今あるものに感謝し、これ以上他国を侵略するのはやめよう」と言えるような人によって統治されていることは、まずないだろう。彼らは行き詰まるまで進みつづける。小説家のシュテファン・ツヴァイクはこう述べている。

「征服者が征服に飽き飽きした例は、歴史を見てもない」

望みのものを手に入れたからといって、撤退する征服者などいないということだ。

このトピックで最も重要なのは、誰を尊敬すべきか、特に、誰のようになりたいか、誰の真似をしたいか、きちんと見きわめられるようになることだと思う。エンジェル投資家であり、自身も起業家であるナヴァル・ラヴィカントはかつて次のように書いた。

ある日、ふと気づいたのだ。他人の人生のほんの一部だけを切り取って、羨(うらや)ましがることはできないと。この人の体格になりたい、あの人のお金が欲しい、あの人の性格になりたいと言うのは不可能なのだと。丸ごとその人になるしかないのだ。その人の反応、欲望、家族、幸福度、人生観、セルフイメージなど全部ひっくるめて、本当にその人になりたいか？　もし、その人と二十四時間三百六十五日、一〇〇パーセント入れ替わってもかまわないと思えないなら、嫉妬しても意味がない。

誰かの人生を望むか、望まないか。どちらを選択しても大きな力になる。目標とする人を探すときは、その人になりたいかどうか、自分でわかっていればいい。

「あらゆる前提を疑わなければならない。さもなくば、当初は正しい主義だったものが、永遠に独りよがりな思い込みになってしまう」とジョン・ボイドは言った。

これこそ、よくも悪くも、常に思い出される哲学だ。

次は、人がいかに**計算に弱いか**を見ていこう。

5

SAME
AS
EVER

「数字」という厄介な罠

人は「正確な予測」を
求めているわけではない。
「確かな感覚」を求めているのだ。

現代社会における問題の根本原因は、愚かな者が自信過剰である一方で、賢い者が疑念に満ちていることだ。

――バートランド・ラッセル（イギリスの哲学者）

コメディアンのジェリー・サインフェルドが、テレビ司会者のジミー・ファロンと自分の車でドライブしていた。

それは一九五〇年代に製造された古い車だった。

「車にエアバッグがついていないのは心配じゃないか？」

ファロンは尋ねた。

「いや」

サインフェルドは答えた。

「正直、エアバッグが必要になったことって、人生でどのくらいあった？」

これはジョークだ。しかし、何かが起こる確率や、起こるかわからない不確実性について考えるのが人間にとっていかに難しいかを示す、完璧な例ではないか。

スタンフォード大学のロナルド・ハワード教授は、このことについて学生たちに考えてもらおうと、テストの各回答の横に、自分が正解している確率が何パーセントかを書き込ませた。

自分の解答が一〇〇パーセント正解だと書きながら、その解答が不正解だった場合、テストが丸ごと不合格となる。

〇パーセントと書いたのに、当てずっぽうで正解した場合は、加点されない。

それ以外はすべて、何パーセントと書いたかによって調整された点数が加算される。

人生において、確率を考慮することが重要だと人々に教えるのに、これほどわかりやすい方法は聞いたためしがない。未知のものにあふれた世界で確実なものが存在すると思い込むとどうなるかに否応なく気づかせ、学生たちを恐怖のどん底に陥(おとしい)れる、なんと画期的な方法だろうか。

何がどの程度起こるかわからない、不確かで確率的な世の中に生きているにもかかわらず、確実なものを追い求めてしまうのは、人間の行動によく見られる特徴である。

概して、リスクと不確実性を算出するのは難しい。それを可能にしようと、人間はこれまで試行錯誤を繰り返してきたし、これからも挑戦しつづけるだろう。何かが起こりそうで起こらない、あるいは、起こりそうもないのに起こるのには、とても重要な**数字の罠(わな)**が潜(ひそ)んでいる。

人は「不確実性」を異常に嫌う

映画『ゼロ・ダーク・サーティ』の中で、アメリカ同時多発テロの首謀者オサマ・ビン・ラディンの居場所を突き止めたと主張する分析官チームに、CIA長官がこう質問するシーンがある。

「これから大統領に会ってくる。戯れ言はいらない。私が知りたいのは、とても簡単なことだ。奴はそこにいるのか、いないのか？」

分析官チームのリーダーは、ビン・ラディンがその屋敷内にいる確率は六〇～八〇パーセントだと答える。

「つまり、いるのか？　いないのか？」長官は訊き返す。

多くの人は、確実なことなど稀であり、自分に勝算がありそうな確率で決断するのが最大限できることだと知っている。頭がよくても間違うときもあれば、頭が悪くても正解するときもあると理解している。なぜなら、運とリスクとはそのように働くものだからだ。

しかし、現実社会で、確率を実際に活用する人はほとんどいない。特に、他人の言動を判断するときに、確率が用いられることはほぼない。

人々が気にするのは、「正しかったのか、間違っていたのか?」「イエスだったのか、ノーだったのか?」だけだ。

確率とは、ニュアンスやグラデーションのことである。しかし、現実社会では、人々は白か黒で示される結果にしか注目しない。

何かが起こると言って実際に起これば、あなたは正しかったことになる。何かが起こると言って実際には起こらなければ、あなたは間違っていたことになる。人はそう考える。というのも、そう考えるのが、いちばん楽だからだ。物事の結果を目の当たりにしながら、別の結果もあったかもしれないと他人に気づいてもらうのも、自分自身で気づくのも難しいのだ。

ここで重要なのは、**人々は正確な未来予測が欲しいと思っているが、実際に求めているのは確かな感覚**だということだ。

次に何が起こるかわからないというつらい現実から逃れたいと思うのは、ごく普通のことだ。不景気になる確率は六〇パーセントだと言われても、不安はあまり解消されない。むしろ、不安は増してしまうかもしれない。しかし、「今年は不景気になる」と断言されると、両手でしっかりつかめる確かなものを与えられたかのような、未来を掌握できたような気になる。

オバマ大統領は、ビン・ラディン奇襲後、彼がターゲットの屋敷に実際にいた確率は五分五分だったと語った。何年か前、私はこの作戦に参加したアメリカ海軍特殊部隊（ネイビーシールズ Navy SEALs）の一人がある会議で話しているのを聞く機会があった。彼のチームは、ビン・ラディンがその屋敷に潜伏していようがいまいが、奇襲作戦で自分たちのチーム全員が殺される確率をやはり五分五分だと感じていたという。つまり、この奇襲作戦が失意のうちに、または大惨事に終わっていた確率は非常に高かったわけだ。

実際にはそうはならなかったが、このような「別の結果になっていた可能性」に多くの人は注目しない。

私たちは、ほとんど気にもとめない。

物事が起こる確率や、起こるかどうかわからない不確実性を理解するのは、とても難しいのだ。

「百年に一度の出来事」が高確率で起こる理由

これに関連して同じくらい重要なのは、私たちが暮らす広い世界では、「めったに起こらない出来事が低く見積もられやすい」ということだ。

心理学者でノーベル経済学賞受賞者のダニエル・カーネマンは、かつてこう述べた。

「人間は、非常に大きな数字や非常に小さな数字を理解できない。その事実を認めたほうが何かと役に立つだろう」

イヴリン・マリー・アダムスは、一九八五年、ニュージャージー州の宝くじで三百九十万ドルを獲得した。その四カ月後に再び当選し、さらに百四十万ドルを手にした。

アダムスは『ニューヨーク・タイムズ』紙にこう語った。

「もう宝くじは買わないわ。ほかのみんなにチャンスをあげたいから」

これは当時大きな話題となった。というのも驚いたことに、コンピュータの複雑な計算によると、宝くじに二度も当選する確率は、なんと十七兆分の一だったからだ。

しかし三年後、パーシ・ダイアコニスとフレデリック・モステラーという二人の数学者が、この熱狂に冷や水を浴びせた。

もし、宝くじを買うのが一人だけの場合、二回当選する確率は、確かに十七兆分の一になる。しかし、アメリカなどのように一億人が毎週宝くじを買う場合、誰かしらが二回当選する確率はかなり高くなる。ダイアコニスとモステラーは、それを三十分の一と計算した。

この数字が大きなニュースになることはなかった。

「充分な数のサンプルがあれば、どんなとんでもないことだって起こりうる」とモステラーは述べている。

これこそ、世界があまりに突拍子もなく見える理由であり、また「一生に一度レベル」の出来事が定期的に起こっているように感じる理由の一つだ。

この地球上には、およそ八十億の人間がいる。つまり、ある出来事が百万分の一の確率で毎日起こるとすると、一日に八千人の身に、一年に二百九十万回、そしてあなたの一生のあいだにおそらく二億五千万回起こるはずだ。たとえ十億分の一の確率の出来事であっても、あなたの一生のあいだに何十万という人々の運命を変える。ショッキングな見出しに対するニュースメディアの飽くなき渇望を考えると、あなたがこうした出来事について耳にする確率は、ほぼ一〇〇パーセントだろう。

物理学者のフリーマン・ダイソンは、しばしば超自然、魔法、奇跡によって起こったとされてきたものも、実は初歩的な数学で説明できてしまう、と述べている。

どんな普通の人の生活においても、奇跡はおよそ一カ月に一度の割合で起こる。この法則を証明するのは簡単だ。我々は、目を覚まして積極的に活動している時間、つまり、毎日およそ八時間のあいだ、物事が一秒に一回の割合で起こっているのを見聞きしている。したがって、自分の身に起こる出来事の総数は一日に三万回、つまり、一カ月に百万回になるのだ。

「奇跡」が起こる確率が百万分の一だとすると、私たちは平均して月に一度はそれを経験していることになる。

信じられない奇跡が起こったように思えても、それはちょっとした数字のからくりにすぎないと肝に銘じておくべきだ。なぜなら、悪いことが起こった場合も、同じ理屈が当てはまるからだ。

百年に一度の出来事を思い浮かべてほしい。百年に一度の洪水、ハリケーン、地震、金融危機、詐欺、パンデミック、政治崩壊、不況など。百年に一度の出来事と呼べるような悪い出来事はたくさんある。

百年に一度の出来事とは、それが百年ごとに起こるという意味ではない。どの年においても、その出来事が起こる確率が約一パーセントあるということだ。低い確率のように思える。だが、百年に一度の出来事が何百種類もあるとしたら、そのうちの一つがある年に起こる確率はどのくらいになるだろうか？

い、い、い。

かなり高い。

来年に、新たに悲惨なパンデミックが起こる確率が一パーセント、大恐慌が起こる確率が一パーセント、壊滅的な洪水が起こる確率が一パーセント、政治が崩壊する確率が一パーセント……とある場合、来年に――あるいは、どの年でも――何か悪いことが起こる確率は……決して低くはないのだ。

なぜ世界は「悲観的なニュース」にあふれているのか

いつの世もそうだった。人々がよい時代だったと記憶している時期だって、混乱は頻発(ひんぱつ)していた。輝かしい一九五〇年代も、実際には悲しみの連鎖が続いていた。人口増加率調整後で比較した場合、一九五八年の不況のあいだに職を失ったアメリカ人の数は、二〇〇八年のグレート・リセッション【訳注：リーマン・ショックに端(たん)を発して観察された大規模な景気後退の時期のこと】のときの失業者数をどの月においても上回っていた。一九九〇年代も同じだ。私たちはその時代を穏やかな十年だったと記憶している。しかし、かつて見たことがないほどの好景気の最中にあった一九九八年には、グローバル金融システムは崩壊寸前だった。

今とこれまでとで違うのは、世界経済の規模だ。これによって、起こりうる突拍子もないことのサンプル数が増えている。八十億人が交流すれば、詐欺師、天才、テロリスト、愚かな人間、学者、変わり者、夢想家などによって、ある特定の日に劇的な変化がもたらされる確率は、ほぼ一〇〇パーセントになる。

これまで生きてきた人間の数は、およそ千億人にのぼる。彼らが平均して三十歳まで生きたとすると、千二百兆日（1,200,000,000,000日）ほど生きてきたことになる。十億分の一の確率で起こる突拍子もないことは、何百万回と起こっているのだ。

しかし、現在、問題はかつてないほど悪化しており、さらに今後も悪化しつづけることはほぼ間違いない。

小説家、ジャーナリストのフレデリック・ルイス・アレンは、一九〇〇年当時のアメリカ人がどのように情報を得ていたかについて、次のように書いている。

当時の地域社会が互いにどれほど大きく隔てられていたかを、今日の我々が理解するのは難しい……メイン州の漁師と、オハイオ州の農夫と、シカゴの実業家が政治について議論することは、ある程度なら可能だっただろう。しかし、アメリカ全土で発行されている多数の新聞に同時に載るようなコラムがなかった時代に、彼らは、それぞれの地方紙で読んだ独自の内容からほとんどの情報を得ていたのだ。

情報を遠くまで広めるのが今より大変だったうえ、そもそも人々は自国のほかの地域や世界で起こっていることに大して関心を寄せていなかった。情報がローカルだったのは、生活もローカルだったからだ。

ラジオはそれを大きく変えた。人々は共通の情報源でつながることになった。

テレビはよりいっそうの変化をもたらした。

インターネットは、それを次のレベルに引き上げた。

ソーシャルメディアは、それを桁違いに激変させた。

デジタルニュースは多くの地方新聞の息の根を止め、情報をグローバル化させた。二〇〇四年から二〇一五年のあいだに、千八百ものアメリカの印刷メディアが姿を消した。

ローカルニュースの減少の裏にはさまざまな意味がある。その中でもあまり注目されていないのは、報じられる範囲が広がれば広がるほど、ニュースは悲観的なものになりやすいという点だ。

そうなる理由として、次の二つが挙げられる。

- よいニュースより悪いニュースのほうが注目を集める。悲観的なものには人を引きつける力があるうえ、楽観的なものより緊急性が高く感じられるからだ
- 詐欺、汚職、災害などの悪いニュースが自分の地元の町で発生する確率は低い。しかし、関心を全国に広げると、その確率は高くなる。さらに世界に広げれば、ある瞬間に悪いことが起こる確率はほぼ一〇〇パーセントになる

ちょっと極端な言い方をすれば、ソフトボール大会を報じるのがローカルニュース、飛行機墜落事故や大量虐殺を報じるのがグローバルニュースだ。

ある研究者がニュースに含まれる感情を長年にわたり分析してランク付けしたところ、過去六十年間で世界中のメディアが着実に悲観的になっていることが判明した。

過去と比べてみよう。ここでもう一度、フレデリック・ルイス・アレンによる一九〇〇年の生活についての記述を見てみる。

当時のアメリカ人の大半は、その子孫たちに比べ、自分の理解が及ばないような経済情勢、政治情勢、国際情勢に振り回されて、恐ろしい不安に悩まされることは少なかった。当時の人々は、身近な範囲にしか目を向けていなかったのだ。

当時の人々は、身近な範囲にしか目を向けていなかった。現在、私たちは世界中のあらゆる国、文化、政治体制、経済に目を向けている。

もちろん、そのおかげで、よかったこともたくさんある。

しかし一方で、近年、世界がますます崩壊に向かっているように感じられもする。だが、それは不思議でもなんでもない。なぜなら、悪いことは以前からひっきりなしに起こっていて、単に昔と比べてそれを目にする機会が増えただけだからだ。

世界は、平均して十年に一度、大きく変化する――これまでも、これからも。時折、それがひどい災難に感じられたり、悪いニュースがさらに勢いを増しているように感じられたりするが、多くの場合、ただ純粋な数学が働いているにすぎない。数えきれないほど多くのことが悪い方向に進んでいるかもしれないのだから、少なくともそのうちの一つが大惨事を引き起こす可能性は、いつなんどきだってあるのだ。

そして、私たちのネットワークを考えると、そのニュースはあなたの耳にも届くはずだ。

「数字」について心にとどめておくべきこと

ここで、心にとどめておくべきことをいくつか。

1. 人々が求めているのは正確な予測ではなく、確かな感覚である

人が未来を予測したがるのは、「次に何が起こるかわからない」というつらい現実から逃れたいからだ。ある物事が起こる確率を具体的な数字で伝えるよりも、人々の気持ちを安心させ

るほうが得策であることに思い至ると、人々がめったに確率で物事を考えない理由が見えてくる。

バークシャー・ハサウェイ副会長だったチャーリー・マンガーは、一九九〇年代に「誤った判断をしてしまう人間の心理」と題した講演を行なった。そこで誤った判断へと導く二十五のバイアスを挙げ、そのうちの一つ「不安回避傾向」について、次のように説明している。

人間の脳には、なんらかの決断を下すことで不安を素早く取り除こうとする傾向がプログラムされている。

動物が長い年月をかけて、このように不安を素早く解消しようとする方向へと進化した理由は容易に想像がつく。つまるところ、捕食動物に脅かされる被捕食動物が、どう行動するか決めるのに時間をかけていたら、間違いなく餌食にされるからだ。

ペンシルベニア大学のフィリップ・テトロック教授は、キャリアのほとんどにおいて、自称他称を問わない専門家について研究を行なってきた。その研究から導きだされた有意義な結論は、政治や経済の動きをきちんと予測できない専門家があまりにも多いということだ。そうしたひどい実績を見て、人々は専門家たちの意見を聞かなくなるだろうか？

「まさか」とテトロック教授は言う。

「人は予測可能でコントロール可能な世界に生きていると信じたいから、その欲求を満たすと約束してくれる信頼できそうな人たちに頼るのだ」

今まで未来を予測できていないにもかかわらず、人間は「未来を予測したい」という欲求を捨てようとはしない。確かな感覚とは、それほど価値のあるものなのだ。だから、私たちはその探求を決してあきらめない。

もし、未来とは不確かなものだという事実と正直に向き合ったら、ほとんどの人は朝ベッドから起き上がれなくなるだろう。

2. 予測が的中したかどうかを判断するためのサンプルが充分に集まるのに膨大な時間がかかるので、誰もが推測の域を出ない

あなたが今、七十五歳の経済学者だとしよう。二十五歳でキャリアをスタートさせた。つまり、半世紀にわたって経済に何が起こるかを予測してきた経験があるということだ。いわば、その道の大ベテランだ。

しかし、過去五十年間に不況は何回あっただろうか？

七回だ。

キャリアの中で、あなたの能力を測る機会があったのは七回だけだ。

人の予測能力を本当に判断したいのなら、何十、何百、何千という試行錯誤の結果を現実と比較しなければならないだろう。だが、そんなに何度も自分の能力を測る機会がある分野は少ない。これは誰のせいでもない。ただ、**現実社会は理想どおりに計算できるスプレッドシートよりも厄介**だというだけだ。

人の予想能力を測れなくてもしかたない。なぜなら、たとえば誰かがこれから不況になる確率は八〇パーセントだと言ったとき、それが正しいかどうかを判断するには、同じ予測をした場合のサンプルを何十、何百と集めて、総合的な的中率が本当に八〇パーセントかを確認するしかないからだ。

何十、何百回と試せないなら――一、二回しかチャンスがないこともある――、「七五パーセントの確率でこうなる」とか、「三二パーセントの確率でああなる」とか言っている人が正しいかどうか知る由もない。だから、私たちはみな推測の域を出ない(ゆえに、起こるかどうかを断言してくれる専門家の意見を鵜呑(うの)みにしたくなる)。

3．何かの危害・損害を被ったとき、不運な確率が当たったのか、無謀にも危険に飛び込んだのか、区別するのは難しい。たとえ不運なことが起こる確率が明らかでも、人は白か黒か

で結果を見てしまう

大学時代、私はホテルで駐車係として働いていた。チームで月に一万台の車を駐車していたが、毎月必ずそのうちの一台をぶつけていた。

上層部はこれを許さず、私たちは数週間ごとにもっと慎重にやれと叱られた。

だが、一万台を駐車して一回の事故なら、かなり少ないほうだろう。一日に二回運転するとしたら、一万回駐車するのに十四年かかる。十四年で一度だけ泥除けのパーツを曲げたなんて、保険会社が気にもしない損傷だ。

しかし、このことを、保険金請求査定人の名前を覚えてしまうほど何度も損害報告書を提出しなければならなかった上司に説明してみてほしい。同情はいっさい得られないだろう。こう言われるに決まっている。

「おまえたちは明らかに無謀だ。スピードを落とせ。さもなくばクビだ」

人生の多くの場面でも同じことが起こる。株式市場を例に取ろう。歴史を見れば、五年から七年ごとに市場が崩壊しているのがわかる。それにもかかわらず、五年から七年ごとに人々は言う。

「こんなのはおかしい。いかれてる。投資アドバイザーがしくじったんだ」

何かが高い確率で起こるとわかっていても、結局は避けられずに損害を被れば意味がない。

確率など気にしても無駄になる。

どんなときも、最悪のリスクだけは絶対に避けたい。一万回に一回の割合で墜落するパイロットは最悪だろう。しかし、確率や極端な数字を苦手とする私たちは、飛行機が墜落することは心配せず、ごくありふれた必然のリスクばかり過剰に気にするのだ。

それは、いつの時代も変わらない。

次の章では、マーティン・ルーサー・キング・ジュニアの最も有名な演説のあまり知られていない事実と、**物語の驚くべき力**について見ていこう。

6

SAME
AS
EVER

勝つのは「最高の物語」

いつだって力があるのは
「統計」よりも「物語」だ。

いつだって、勝つのは「最高の物語」だ。

最高のアイデアでも、正しいアイデアでも、最も理にかなったアイデアでもない。たいていは人々の注目を引き、賛同させるような「物語」を語る人が利益を得られる。

たとえ素晴らしいアイデアがあっても、それを言葉で説明できなければ、何にもならない。しかし、古びたアイデアや間違ったアイデアでも、説得力を持って語られれば、革命を起こせる。俳優のモーガン・フリーマンが買い物リストを読み上げただけで人々が涙するかもしれない一方で、話し下手な科学者が病気を治しても、見向きもされずに終わってしまうかもしれない。

世の中にはあまりにも多くの情報があふれているため、いちばん理にかなった正しい答えを見つけたくても、データを冷静に精査することができない。**忙しく感情的な人間には、「無味乾燥な統計」よりも「優れた物語」のほうが影響力や説得力を持つ。**

正しい答えを持っているだけなら、成功するかもしれないし、成功しないかもしれない。

間違った答えを持っていても話し上手なら、おそらく（しばらくのあいだは）成功できるだろう。

正しい答えを持っていて話し上手なら、成功はほぼ間違いない。

このことは、これまでも、そしてこれからもずっと変わらない真実であり、歴史のさまざまな面にも見られる。

キング牧師の演説――「最高の物語」はいかにして生まれたか

一九六三年八月二十八日に、リンカーン記念堂で行なわれたマーティン・ルーサー・キング・ジュニアの有名な演説は、計画に沿ったものではなかった。

キング牧師の顧問弁護士でスピーチライターのクラレンス・ジョーンズは、「私たちが話し合ってきたアイデアの要約」を土台にして、演説全体の原稿を書いたと回想している。演説の最初の数分は、原稿どおりだった。ビデオ映像には、キング牧師が常にメモに目を落としながら、一語一語読み上げている姿が映っている。

「ジョージア州へ帰ろう、ルイジアナ州へ帰ろう、北部のスラムやゲットーへ帰ろう。この状況はきっと変えられる、きっと変わると信じて」

ちょうどそのとき、演説の中盤あたりで、キング牧師から三メートルほど離れたところにいたゴスペル歌手のマヘリア・ジャクソンが叫んだ。

「夢をみんなに伝えて、マーティン！　夢を伝えてあげて！」

ジョーンズはこう回想している。

「（キング牧師は）即座に彼女を見ると、手にした原稿を演説台の左側に滑らせた。そして演説台を握りしめると、二十五万を超える人々を見渡した」

それから六秒の間を置いたのちに、キング牧師は空を見上げてこう言った。


私には夢がある。それはアメリカン・ドリームに深く根ざした夢だ。

私には夢がある。いつの日か、この国が立ち上がり、「人間はみな平等に創られているという真理を自明の理として胸に刻む」とするこの国の信条を真の意味で実現させるという夢が。

私には夢がある。いつの日か、私の幼い四人の子どもたちが、肌の色ではなく人格によって判断される国で暮らすという夢が。

今、私には夢がある！


あとは歴史のとおりだ。

ジョーンズは言う。

「この国で、そして世界中で最も称賛されている演説のあの部分は、事前に計画したものではない」

それはキング牧師が用意していたものではなかった。彼やスピーチライターが、その日の演説に最適だと思っていた言葉ではなかった。

しかし、それは**史上最高の物語の一つ**となった。感動を呼び起こし、何百万という人々の頭の中の点と点を結びつけ、歴史を変えた。

優れた物語は、たびたびこういうことを起こす。並外れた力によって人々にインスピレーションを与え、ポジティブな感情を呼び覚ます。その結果、それまで事実のみを提示していたときには見向きもされなかった話題に人々の注目を引きつけ、深く考えさせる。

マーク・トウェインは、おそらく現代最高のストーリーテラーだろう。彼は推敲作業をする際、まずは文章を音読して妻や子どもたちに聞かせた。家族が退屈そうな顔をした箇所は削除した。家族が目を大きく見開いたり、前のめりになったり、眉間（みけん）に皺（しわ）を寄せたりしたら、彼はそういうことかとばかりに、その部分をさらに練った。

優れた物語の中でも、一つの力強いフレーズや文章が決め手となっていることがある。こんな言葉があるくらいだ。

「人が覚えているのは本ではなく、文章だ」

なぜ『サピエンス全史』は人々の心をつかんだか

人類学者のC・R・ホールパイクは、ある若い著者による人類史についての新著の書評を書いたことがあった。その書評は、次のようなものだった。

書かれている事実がおおむね正しいときは、決まって目新しさがない。著者自身の独自性を打ちだそうとしているときは、たいてい間違っており、中には由々しき間違いもある……（本書は）知識へ貢献しているとは言えない。

ここで注目すべきことは二つある。

まず、この本の著者であるユヴァル・ノア・ハラリは、あらゆる分野で最も売れている現代作家の一人であり、ホールパイクが書評した『サピエンス全史』（上下二巻、柴田裕之訳、河出書房新社）は、二千八百万冊以上を売り上げ、人類学の著書として空前の成功をおさめた。

もう一つ、ハラリはホールパイクの評価を否定していないようだ。

彼は『サピエンス全史』の執筆について、かつて次のように語っている。

「なんて陳腐なんだ！」と自分でも思いました。……そこに目新しいものはまったくない。私は考古学者ではありません。霊長類学者でもありません。新たに研究したことはゼロです。……ごく一般的な知識を、新しい形で提示しただけの本です。

『サピエンス全史』の何よりの特徴は、その素晴らしい筆致だ。美しい筆致。物語は人の心をとらえ、流れるように進んでいく。ハラリは既に知られていることを取り上げ、それまでの誰よりもうまく書き上げた。その結果、それまでの作家が誰一人として想像もできなかったほどの名声を得た。勝つのは最高の物語だ。

これは恥じることではない。なぜなら、多くの成功がこうして生まれるのだから。

南北戦争は、おそらくアメリカ史の中で記述されることが最も多い時代だろう。考えつく限りのあらゆる角度から分析し、あらゆる詳細を記録した本が何千冊とある。しかし、一九九〇年にケン・バーンズが監督したテレビ・ドキュメンタリー『The Civil War（南北戦争）』は四千万人が視聴し、四十ものテレビや映画の主要な賞を受賞するなど、瞬（また）く間に社会現象となった。一九九〇年にケン・バーンズの『The Civil War』を観たアメリカ人の数は、その年のスーパーボウルの視聴者数に並んだ。

これだけの功績を過小評価するつもりはないが、バーンズがしたことといえば、百三十年に及ぶ既存の情報を（非常に）優れた物語に織り込んだことだけだ。

以前、バーンズは自分のストーリーテリングのプロセスにおけるおそらく最も重要な部分について、つまり、ドキュメンタリーの映像に合わせる音楽について、次のように説明した。

探してきた古い聖歌集や曲集をある人に渡して、ピアノで弾いてもらった。ピンと来るものがあるたび、「これだ！」と言ってね。それからセッション・ミュージシャンとスタジオに入って、確か三十種類くらいレコーディングしたかな。

ドキュメンタリーの脚本を書くときは、ＢＧＭのビートに合わせて文章を文字どおり引き伸ばしたり、逆に短くカットしたりするという。バーンズはこう語っている。

「音楽は神さまだ。ケーキの上にかけるアイシングなんかじゃない。音楽はケーキそのもの、つまり単なる飾りではなく、作品を構成する重要な要素の一つなんだ」

さて、あなたが世界的に有名な歴史家で、ある重要なテーマについて何十年もかけて画期的な新情報を発見したとしよう。その発見について書いた自分の一文が、ある曲のビートに合うかどうかを考えるのに、どれだけの時間を費やすだろうか？　おそらく考えもしないだろう。

だが、ケン・バーンズは考える。だからこそ、誰もが彼の名を知っているのだ。

作家のビル・ブライソンも同じだ。彼の著書は飛ぶように売れ、本に書かれた事柄を実際に発見した無名の学者たちを怒り狂わせることもしばしばだ。著書の一つ、『人体大全　なぜ生まれ、死ぬその日まで無意識に動き続けられるのか』（桐谷知未訳、新潮社）は、基本的には解剖学の教科書である。新しい情報や発見はいっさいない。にもかかわらず、非常によく書かれているため、つまり、非常に優れた物語が語られているため、たちまち『ニューヨーク・タイムズ』紙のベストセラーとなり、『ワシントン・ポスト』紙の年間最優秀本にも選ばれた。

こうした例は山ほどある。

チャールズ・ダーウィンは進化を発見した最初の人物ではない。ただ、それについて最初に最も説得力のある本を書いただけだ。

ジョン・バー・ウィリアムズ教授は、バリュー投資について『賢明なる投資家　割安株の見つけ方とバリュー投資を成功させる方法』（土光篤洋訳、パンローリング）の著者であるベンジャミン・グレアムよりも深い洞察力を持っていた。しかし、グレアムのほうが文才があったため、何百万冊もの本を売り上げ、巨匠と呼ばれる存在になった。

アンドリュー・カーネギーは、自身のビジネスの才覚と同じぐらい、人と親しくなれる才能と魅力を誇りにしていたという。イーロン・マスクは、エンジニアリングのスキルと同じくらい、投資家たちに将来の展望を信じさせるスキルに長けている。

千五百人の命を奪ったタイタニック号沈没の物語は、誰もが知っている。

しかし、一九四八年に四千人近くの命を奪った中国のフェリーボート江亜(こうあ)号の沈没事故については、ほとんど語られていない。

あるいは、四千三百人以上が死亡した一九八七年のドニャ・パス号の沈没事故についても。

あるいは、二〇〇二年にガンビア沖で千八百六十三人の命を奪ったジョラ号の転覆事故についても。

タイタニック号がとりわけ有名なのは、乗客に著名で裕福な人が多かったことや、生存者たちの生(なま)の証言が得られたこと、そしてもちろん、最終的にはあの大ヒット映画になるなど、おそらく物語となる潜在力が高かったからだろう。

世の中は「優れた要約」を求めている

事実や客観性が世の中を動かすと信じていると――つまり、最高のアイデアや最大の数字や正しい答えが勝つと信じていると、優れた物語の影響力に怒りが込み上げてくるだろう。

ハラリの著作がいかに独創性に欠けるかを示すのに執念を燃やす批評家たちがいる。同じようにイーロン・マスクも、戸惑いと軽蔑の入り混じった目で見られている。

もしこの世界が完璧なら、著者の語りがうまいかどうかで、情報の重要性が左右されることはないだろう。しかし、私たちが住んでいるのは、人々が退屈し、イライラし、すぐ感情的になり、物事をわかりやすく要約する必要のある世界なのだ。

目を向けてみれば、製品、企業、キャリア、政治、知識、教育、文化など、情報が行き交うところならどこでも、最高の物語が勝っていることに気づくはずだ。

理論物理学者のスティーヴン・ホーキングは、ベストセラーとなった自身の物理学の著書についてこう述べたことがある。

「本に方程式を一つ載せるごとに売り上げが半減すると言われた」

読者が求めているのは講義ではなく、記憶に残る物語なのだ。

ウィンストン・チャーチルは、大半の人から二流の政治家だと思われていた。しかし、彼は優れたストーリーテラーであり演説家だった。人々の意欲を刺激することで関心を引き、さまざまな感情を呼び覚ますことにかけては、彼の右に出る者はいなかった。彼の首相としての功績が突出しているのは、そのためだ。

株式市場を見てみよう。どの企業の株価も、これまでの業績を示す「今日の数字」に「未来の物語」をかけ合わせたものにすぎない。中には、「未来の物語」を伝えることに驚くほど秀でた企業もある。その物語を聞いた投資家たちは、いつか実現するかもしれない突飛なアイデアにしばし夢中になる。

物事の行き着く先を見きわめたいなら、理論上の可能性を理解するだけでは不充分だ。その可能性について、一人ひとりが思い描いている物語を理解しなければならない。なぜなら、それが未来予測の方程式においてとても大きな部分を占めているからだ。

おそらく、コメディアンほどストーリーテリングの技術をきわめている人たちはいないだろう。彼らこそ最も優れた思想的リーダーだといえる。なぜなら、彼らは世の中の仕組みを理解していながらも、だから自分は賢いとあぐらをかくのではなく、その知識を使って人々を笑わせたいと願うからだ。

彼らは心理学、社会学、政治、その他あらゆる退屈な分野の本質を見抜き、素晴らしい物語に仕立て上げる。だから、社会行動について画期的な発見をした学術研究者がまったく注目されないことがある一方で、コメディアンたちは大規模会場の公演チケットを完売させることができるのだ。

マーク・トウェインは言った。

「ユーモアとは、自慢せずに自分が賢いことを示す方法である」

「最高の物語」には、魔力がある

優れた物語について覚えておくべきことをいくつか。

1．トピックが複雑なときの物語はレバレッジのようなもの

レバレッジ（梃子（てこ）作用）とは、少ない労力で可能性を最大限に引き出すことだ。借り入れで資産にレバレッジをかけるのと同じように、物語でアイデアにレバレッジをかけることができる。

たとえば、ある物理現象を公式を用いて説明しようとしても難しい。しかし、火がつく仕組みを、丘を転がる二つのボールの物語【訳注：丘を転がり落ちていたはずのボールが加速することで丘を登り、そこにある深い穴に落ちるという物語】で説明できれば——驚嘆すべきストーリーテラーだった物理学者のリチャード・ファインマンが、実際このように説明していた——さほど苦労せず、複

雑な内容もあっという間に説明できる。

物語は他人を説得するだけでなく、自分自身の助けにもなる。アルベルト・アインシュタインがあれほど有能だったのは、持ち前の想像力で、複雑なことをわかりやすい映像として脳内に思い描くことができたからでもある。

十六歳のとき、アインシュタインは、光線に乗れたらどんな感じかと想像するようになった。彼は空想の中で空飛ぶ絨毯（じゅうたん）の縁（へり）にしがみつきながら、光がどのように進んだり曲がったりするのかを考えた。それからまもなく、密閉されたエレベーターに乗って宇宙空間を移動したら、人の体はどんな感覚になるかを想像しはじめた。トランポリンの上でボウリングの玉とビリヤードの玉が空間を奪い合うところを想像して、重力について思いをめぐらせたりもした。彼は空想に耽（ふけ）ることで、杓子定規（しゃくしじょうぎ）な情報を処理できたのだ。

ケン・バーンズはかつてこう述べた。

「ありきたりな物語だと、一足す一は二になる。なるほど、理解できる。しかし、優れた物語だと、一足す一は三になる」

これぞ、レバレッジだ。

2. 最も説得力のある物語とは、自分が真実だと信じたいもの、あるいは、自分が実際に経験したことの延長線上にあるものだ

このことを、詩人のラルフ・ホジソンは次のようにうまく言い表わしている。

「信じないと見えないものがある」

その物語が誰かの痒(かゆ)いところに手が届くようなものだったり、真実であってほしいと願う心に理屈を与えるものだったりすると、たとえエビデンスに乏しくても、非常に説得力のある物語になる。

3. 物語は多様な人々の注目を一点に向かわせる

スティーヴン・スピルバーグはこう述べている。

私にとって何より驚きなのは、映画を観る誰もが……またとない経験をできるということだ。今や、優れたストーリーテリングで慎重に誘導すれば、全員を一斉に拍手させせたり、一斉に笑わせたり、一斉に怖がらせたりすることができる。

マーク・トウェインは、ドイツ皇帝ヴィルヘルム二世から著書をすべて読んだと言われたときに、自分が成功したと悟ったという。同じ日に、ホテルのポーターからも同じことを言われた。

「素晴らしい本はワインのようなものだ」とトウェインは言う。

「だが、私の本は水だ。水は誰もが飲む」

トウェインは、どこの誰かに関係なく、あらゆる人に影響を与える共通の感動を見出し、人々の気持ちを一つにした。まるで魔法のように。

人々の注目を一点に向かわせることは、人生における最強スキルの一つである。

4. 万策尽きたと思っていても、優れた物語によって、今まで見過ごしていた多くの可能性に気づくことができる

素晴らしいアイデアが既にあるのに、説明が伝わらないがためにまったく活かされていない機会はどれだけあるだろうか？

企業が自社製品のよさを顧客に伝えきれないせいで、需要になかなか結びついていない機会はどれだけあるだろうか？

その数は計り知れない。

Ｖｉｓａの創業者のディー・ホックは、かつてこう述べた。

「やり方を変えるよりも、考え方を変えるほうがはるかに大きな革新を生み出す」

これから出版される本はどこにもない内容でなければならないとか、これから立ち上がる会社はどこにもないオリジナル商品を販売しなければならないと思い込んでいるなら、やる気をなくすだろう。世の中のことをユヴァル・ノア・ハラリのように考えれば、もっとたくさんのチャンスに気づくはずだ。**重要なのは、「何を言うか」「何をするか」ではなく、「どう言うか」「どう提示するか」**だ。

5. 自問すべき最も重要なことは次のとおりだ。正しい答えを知っているのに、はっきり伝えてくれないからと耳を傾けていない相手はいないか？　実際には、ただマーケティングがうまいだけなのに真実だと思っていることはないか？

不愉快な質問なので、答えにくいだろう。しかし、自分に正直になってみれば、どれだけ多くの人々が、どれだけ多くの思い込みが、この落とし穴にはまっているかに気づくはずだ。すると、真実が見えてくる――**勝つのは、最高の物語だ**と。

次章では、時代を超えたもう一つの真実を紹介する。それは、戦争、フィットネス、株式市場など、**計算できないような物事に関する真実**だ。

7

SAME
AS
EVER

「数値化できないこと」の中に真実がある

この世界は「測れない力」によって
動かされている。

世の中の多くは、つじつまが合わないものだ。数字は計算が合わないし、説明は穴だらけ。それでも起こりつづけるそうした出来事に、人々はとんでもない判断を下し、合理的な思考に逆らうかのような奇妙な反応をする。

数字を足していけば明確な答えがポンッと出てくる表計算ソフトのように判断できることなど、ほとんどない。そこには数値化して説明しづらい、人間という要素があり、本来の目的とはまったく無関係に思えたとしても、何よりも大きな影響力を持つ。

歴史家のウィル・デュラントは、かつてこう述べた。

「論理とは人間が考え出したものであるから、世界がそれどおりに動くとは限らない」

これは往々にして事実であり、世界が合理的に動くものと期待していると、気が変になってしまいかねない。

感情やホルモンに左右されやすい人間という要素を数学の方程式に当てはめようとするから、不満や驚きが噴出するのだ。

「統計」と「心情」のあいだの隔たり

ロバート・マクナマラはヘンリー・フォード二世に雇われ、フォード・モーターの再建に力を貸すことになった。第二次世界大戦後に赤字に陥っていたフォード社は、「経営とは統計という無味乾燥な事実によって操作される科学だ」と考えるような人物――ヘンリー・フォードの言葉を借りれば「神童」――を必要としていた。

のちに、マクナマラはベトナム戦争時代に国防長官となり、そのスキルを国政に持ち込んだ。彼はすべてを数値化することを要求し、日次、週次、月次のチャートで戦時中のありとあらゆる統計の推移を追った。

しかし、フォード社ではうまくいったこの戦略も、国防総省に適用してみると欠点があった。国防総省で特殊作戦の長官を務めていたエドワード・ランスデールは、一度マクナマラが提示した数字を見て、あるものが欠けていると言った。

「なんです？」

マクナマラは尋ねた。

「ベトナム人の心情だよ」

ランスデールは答えた。

そんなもの、統計やチャートに反映させることはできない。

このことは、ベトナム戦争を指揮するうえでの中心課題だった。政府にもたらされる戦闘に関する統計と、関係者の心情とのあいだには、とてつもない隔たりがあったのだ。

アメリカ軍の指揮を執ったウェストモーランド将軍は、フリッツ・ホリングス上院議員にこう報告した。

「我々は自兵一人に対して敵兵十人の割合で奴ら（ベトコン）を殺害しております」

ホリングスはこう応えた。

「アメリカ国民にとって、十のほうなどどうでもいい。大事なのは自兵の一だ」

このことをベトナム戦争を率いた「建国の父」ホー・チ・ミンは、より単刀直入にこう言ったとされている。

「そちらは我々のうちの十人を殺し、我々はそちらのうちの一人を殺すかもしれない。だが、先に音(ね)を上げるのはそちらだ」

これをチャート上で説明するのは難しい。

ここには計り知れないほど重要なことがある。それは数値化できないし、あまりにつかみどころがない。なのに、世界を激変させてしまうことがある。というのも、**数値化できないせいで、人々がしばしばその関連性を軽視したり、その存在すら否定してしまったりする**からだ。

シカゴ大学の壁には、物理学者のケルヴィン卿のこんな言葉が刻まれている。

「測ることができないとき、それは己の知識が貧弱で不充分だということだ」

ケルヴィン卿の言葉は間違ってはいないが、測れないものは重要ではないと決めてかかるのは危険だ。世の中で最も重要な力のいくつか――特に人間の性格や考え方に関わるものは、測定するのも予測するのも、ほぼ不可能に近い。

アマゾンの創業者ジェフ・ベゾスは、かつてこう言った。

「話の内容とデータが一致しないとき、たいていは話のほうが正しいことに気づいたんだ。測定方法に何か間違いがあるのさ」

私はこの言葉が好きでもあり、嫌いでもある。なぜなら、そのとおりだとわかってはいるものの、そうあってほしくないと思ってしまうからだ。歴史上、この名言が当てはまる出来事はよく起きている。

バルジの戦い――連合軍が受けた〝合理的にありえない〟被害

バルジの戦い【訳注：第二次世界大戦中の一九四四年十二月～一九四五年一月にアルデンヌ高地で行なわれた、ナチス・ドイツ軍と連合軍の戦い】は、アメリカ軍のこれまでの戦闘の中で、史上最も多くの犠牲者を出した戦いに数えられる。ナチス・ドイツが連合軍に対して最後の悪あがきの反撃に出たわずか一カ月余りのあいだに、一万九千人のアメリカ兵が死亡し、さらに七万人が負傷したり行方不明になったりした。
そこまで血みどろの戦いとなった理由は、アメリカ人にとってドイツ軍の行動が想定外だったからだ。アメリカの将軍たちの合理的な考えでは、ドイツが攻撃に出るなど無意味なことのはずだった。

ドイツ軍にはもはや反撃を成功させるだけの兵力はなく、残っていたわずかな兵力も戦闘経験のない十八歳に満たない子どもたちばかりだった。それに燃料も不足していたし、食料も底をついていた。ベルギーのアルデンヌの森はドイツ軍にとって不利な地形だったし、天候も最悪だった。

連合軍はこれらすべてを見通していたので、ドイツ軍の司令官が合理的な人物なら反撃を開始するはずがないと考えていた。そのためアメリカ軍の前線は、かなり手薄で物資不足のまま放っておかれた。

そこへ、ドカーンという音が鳴り響いた。ドイツ軍が攻撃してきたのだ。

アメリカの将軍たちが見落としていたのは、ヒトラーがいかに錯乱していたかということだ。彼は正気ではなかった。現実や理性から切り離された、自分だけの世界に生きていた。攻撃を完遂するための燃料をどこで入手すればよいかと将軍たちが伺(うかが)いを立てると、ヒトラーはアメリカ軍から盗めばいいと答えた。それが現実的かどうかなど、問題ではなかったのだ。

歴史家のスティーヴン・アンブローズによれば、一九四四年後半の時点で、最高司令官だったアイゼンハワーとオマール・ブラッドレー将軍は、あらゆる戦争計画を論理的に正しく推理できていたという。ただ一つ、ヒトラーがどこまで正気を失っているかという点を除いては。

ブラッドレー将軍の側近だった人物が、戦時中にこう述べている。

「我々が戦っている相手が理性ある人間なら、とっくに降伏しているだろう」

しかし、彼らはそうではなかった。論理で測るのが難しいその一点こそ、何よりも重要だったのだ。

「運動能力」だけでマラソンの勝敗が決しない理由

アーチボルド・ヒルは、毎朝七時十五分に陸上トラックからランニングを始めるのが日課だった。優れたアスリートであり、競技ランナーでもあった彼にとって、ランニングはお手のものだった。

一八八六年生まれのイギリスの生理学者ヒルは、ある意味、科学者として理想的な人物だった。というのも、彼はそのキャリアのほとんどを、興味の赴（おもむ）くままに、自分自身で実験して疑問を解決することに捧げたからだ。その疑問とはこうだ。

人はどれだけ速く、どれだけ長く走れるか？

私の体、あなたの体、あるいはヒル自身の体を考えたとき、理論上、人はどこまで自分を追い込むことができるのか？　それが、彼の解きたかった疑問だ。

ヒルの初期の研究は、走力とはアスリートの筋肉——何よりも心臓——の働きに関連しているという考えに基づいていた。もし、私の心臓があなたの心臓よりも多くの血液を走るのに必要な筋肉に送ることができれば、私のほうが速く走れるというのだ。これは明確に測定できるものだった。ヒルは、体の仕組みについて解明した研究の一部が認められ、一九二二年にノーベル生理学・医学賞を受賞した。

ある人がどこまで速く走れるか、その限界を測定できるという考え方は理にかなっており、研究室や試験走路でもある程度は有効だった。

しかし、競技トラックや現実の世界でとなると、話は変わってくる。ヒルの計算では、レースの勝者を予測することはほぼ不可能だった。

もし最高の競技アスリートとは、単にいちばん強い心臓と優れた酸素運搬能力を持っている人のことであるなら、誰が最高のアスリートなのかを探し当てるのは簡単なはずだ。

だが、そうではない。

確かに、優れたアスリートのほうが、ソファでだらだらしている怠け者よりも強い心臓を持っているかもしれない。しかし、心肺機能と運動能力の相関関係は、それほど強固とはいえない。マラソンやオリンピックの短距離走といった競技が面白いのはそのためで、最速のアスリートが失速したり、ダークホースが優勝したりする。

走力に関係しているのは筋力だけだという考えに縛られていたヒルは、行き詰まってしまった。運動能力を測る初期の計算が、レース優勝者の予測にほとんど役に立たないのはなぜかと尋ねられ、彼はこう答えた。

「正直、役に立つからではなく、興味深いから計算しているのです」

しかし、やがてヒルは原因を突き止めた。これにより、運動能力に対する科学者たちの考えは、その後永久に改められることとなった。

運動能力とは、身体的な能力だけで決まるものではない。脳がある瞬間の「リスク」と「報酬」を考慮して許した範囲内でのみ発揮できるものなのだ。

あなたの脳は、まず何より、あなたが死なないように努める。そのため、よほどのことがない限り、脳が車の調速機と同じように、あなたに最大限のパフォーマンスを発揮させることはない。最大限のパフォーマンスを発揮させることに伴う「リスク」が「報酬」に見合わない場合、脳は肉体の「限界」まで行かない段階であなたを停止させる。

試験走路で走れる肉体の限界は、オリンピックの決勝で走れる肉体の限界とは違うだろうし、斧を持った殺人鬼に追われているときの限界とも違うだろう。

このことは、誰かが車の下敷きになって命が危険にさらされているときに、人が車を持ち上げたなどというありえない話を説明するうえで役に立つ。能力とは、そのときどきの状況によって変化する関数なのだ。


「人間の体は機械であり、そのエネルギー消費は綿密に測定できる」と、かつてヒルは書いた。のちに、人間の能力についてより柔軟な見方をするようになると、こう述べた。

「運動競技には、単なる化学反応以上のものがある」

そこには、測ることがはるかに難しい、行動的・心理的側面があったのだ。アスリートがどのようなパフォーマンスを発揮できるかは、研究室では再現できないプレッシャー、リスク、やる気といった現実世界の条件のもと、その瞬間の熱気の中に身を置いてみるまで決してわからない。

面白い偶然だが、ヒルはジョン・メイナード・ケインズの妹と結婚していた。

イギリスの経済学者のケインズも、自身の研究の中で、経済が機械ではないことを見出していた。経済には魂があり、感情があり、感覚がある。ケインズはそれを「アニマル・スピリット」（野心的意欲、動物的な衝動）と呼んだ。

ヒルも、人間の肉体について同じことを発見した。彼はそれを「モラル・ファクター」と呼んだ。私たちの体は機械ではないのだから、機械のようなパフォーマンスを期待してはならない。そこには感覚があり、感情があり、恐怖がある。そのどれもが、私たちの能力に影響を与えており、なおかつ、簡単には測定できないものなのだ。

経済は「感情」で動いている

投資家のジム・グラントはかつてこう述べた。

普通株式の株価が、関連する金利を割引いて限界税率で調整した企業の収益によってのみ決まると考えるのは、人々が魔女を焼き殺したり、気まぐれで戦争に行ったり、ヨシフ・スターリンの弁護に回ったり、オーソン・ウェルズが「火星人がやってきた」とラジオで言ったことを信じたりしたことを忘れるようなものだ。

このことはいつだってそうだったし、これからも変わらない。

あらゆる投資価格、あらゆる市場評価は、これまでの業績を示す「今日の数字」に「未来の物語」をかけ合わせたものにすぎない。

数字は測定しやすいし、追跡しやすいし、定式化するのも簡単だ。さらに、ほとんどの人が安価に情報を入手できるようになったことで、ますます数字を測定し定式化するのは手軽になってきている。

一方で、物語はしばしば人々の希望、夢、恐怖、不安、同族意識などをいびつな形で映し出す。しかも、ソーシャルメディアにより、とりわけ感情に訴えかける意見が誇張されることによって、いびつさはどんどん増していっている。

これがどれほど強い力を発揮するか、いくつか例を挙げてみよう。

二〇〇八年九月十日時点で、リーマン・ブラザーズは絶好調だった。中核的自己資本（Tier 1）比率——損失に耐えられる銀行の能力を測る指標——は一一・七パーセントだった。この数字は前四半期よりも高かったし、ゴールドマン・サックスやバンク・オブ・アメリカよりも高かった。銀行業界がかつてないほど好調だった二〇〇七年当時の自社の自己資本も上回っていた。

しかし、その数日後、リーマン・ブラザーズは破綻(はたん)した。

この数日間で唯一変わったのは、投資家たちのリーマン・ブラザーズに対する信頼だった。ある日、投資家たちは会社を信じて社債を買い取った。翌日、その信頼は失われ、資金調達も停止された。

問題であるとされたのは信頼だけだ。しかし、それは数値化しにくく、モデル化しにくく、予測しにくく、従来の評価モデルでは計算されないものだった。

ゲームソフト小売チェーンのゲームストップは、その逆だった。二〇二〇年、同社は廃業寸前かと思われていた。だが、オンライン掲示板レディット上に集まった個人投資家たちが株を大量に買いつづけたことで、株価が急騰した。ゲームストップ社は莫大な資金を調達し、二〇二一年の時点で評価額が百十億ドルとなった。

ここでも同じことがいえる。ここで最も重要な変数は、人々がそれぞれ思い描く物語だった。それだけが測定できないものであり、どんなに先見の明があっても予測できないものだった。だから、結果というものは計算では求められないのだ。

このようなことが起こるたび、なぜ世の中はこうも経済の基礎的条件（ファンダメンタルズ）から切り離されてしまっているのかと怒り心頭に発する人々を目にする。

しかし、グラントの言うとおり、いつだって変わっていないのだ。

一九二〇年代は変化のめまぐるしい時代だった。三〇年代はひたすらパニックだった。四〇年代には世界が終わりそうになった。五〇年代、六〇年代、七〇年代は好況と不況の繰り返しだった。八〇年代、九〇年代は正気の沙汰(さた)ではなかった。二〇〇〇年代は、まるでテレビのリアリティ番組のようだった。

データや論理だけを頼りに経済を理解しようとしてきた人がいたなら、その人は百年間ずっと混乱しっぱなしだっただろう。

経済学者のペア・ベイルントはこう指摘している。

「経済価値の概念は簡単である。誰かが欲しいと思ったものはなんであれ、(もしあればだが)理由に関係なく価値がある」

有用性でも利益でもない。理由はどうあれ、単に人々が欲しいと思うか思わないかだ。**経済で起こることの大半は感情に根ざしている。**だからこそ、理解しようにもなかなかできないのだ。

私からすれば、測定できないもの、予測できないもの、表計算ソフトでモデル化できないものこそ、ビジネスや投資のあらゆる面において最も大きな力となることは明らかだ。それは、軍事においてもそうだし、政治、キャリア、人間関係でも同じだ。重要なことの多くは、計算では求められない。

投資では、人々があまりにもマクナマラのようになりすぎてしまうという危険がよく起こる。データに固執（こしゅう）し、自分の基準を過信するあまり、失敗や予想外のことを受け入れる余地がなくなってしまう。ありえないこと、バカげたこと、説明できないこと、そしてそんなものが長々と続くという事実を受け入れる余地がなくなってしまうのだ。常に「なぜこんなことに？」と問い、合理的な答えがあると期待する。さらにひどいと、実際に起こった結果に対して、自分はあらかじめそうなると予測していた、と記憶をすり替えてしまう。

この世の中では、不条理なこと、混迷をきわめること、厄介な人間関係、完璧とはほど遠い人たちが永遠につきまとうということを理解できれば、長期の成功をおさめることができる。

そんな世の中を理解するには、いくつかのことを認める必要がある。

この「不合理な世界」を理解するために知っておきたいこと

ジョン・ナッシュは、史上最も聡明な数学者の一人に数えられ、ノーベル経済学賞を受賞してもいる。その一方で、彼は統合失調症を患（わずら）っており、人生の大半において、宇宙人から暗号メッセージが送られてきていると信じて疑わなかった。

伝記作家のシルヴィア・ナサーは、著書『ビューティフル・マインド 天才数学者の絶望と奇跡』(塩川優訳、新潮社)の中で、ナッシュとハーバード大学教授のジョージ・マッケイとのあいだで交わされた会話を次のように詳述している。


「数学者であり、理性や論理的証明に熱心な君がなぜ……地球外生物からメッセージが送られてきているなどと、どうして信じられるのだ? 宇宙からやってきたエイリアンにスカウトされて世界を救うなどと、どうして信じられるのだ? いったいどうして……?」

「それは」と、ナッシュは柔らかく理性的な声で、南部特有のゆっくりとしたテンポで言った。

「超自然的存在についてのアイデアも、数学のアイデアと同じように私の中に浮かんだのです。だから、真剣に受け止めたのです」


この世界には「計算不可能なことがある」と受け入れるための第一歩として、私たちに革新や進歩があるのは、この世界には幸運にも自分とは異なる考え方をする人々がいるからだと理解しよう。

世界が予測したとおり合理的に動くなら、そんな素晴らしいことはない。しかし、いつだって不確かで、誤解があって、人々が次に何をするかわからないのがこの世の中だ。作家のロバート・グリーンはかつてこう書いた。

「確かさを求めるのは、心が直面する最大の病である」

これこそ、この世の中が、入力すれば計算できる巨大な表計算ソフトなどではないという事実を見落としてしまう原因だ。世の中とは、従うべき合理的なルールに則って整然と構成されたものだと考えている限り、私たちは決してうまくいかない。

次に、ある人にとっては合理的でも、別の人にとってはそうではない場合もあることを受け入れよう。誰もが同じ時間軸、目標、野望、リスク許容度を持っていれば、すべて計算可能かもしれない。しかし、そうではない。株価が五パーセント下落したからと狼狽売りをするのは、もしあなたが長期投資家ならとんでもないことであり、もしあなたがプロのトレーダーならキャリアの中で避けられないことだ。

この世の中、他人が下すビジネスや投資についての判断が、すべてあなたの希望や夢と一致することなどないのだ。

三つ目に、インセンティブの力を理解しよう。金融バブルは理屈の通らないものに見えるかもしれない。しかし、二〇〇四年の住宅ローン仲介業者や一九九九年の株式仲買人など、バブルの真っ只中にある業界で働く人々は、バブルによってとんでもない大金を稼いでいたため、その状態を維持しようと強力なインセンティブに促(うなが)される。彼らは顧客だけではなく、自分自身をも欺(あざむ)いているのだ。

最後は、統計に勝る「物語の力」だ。

「現在、平均所得に対する住宅価格は過去平均を上回っているが、例によって平均回帰に向かっている」は、統計である。

「ジムは住宅を転売して五十万ドルを稼いだばかりだ。これで早期退職できるし、そんな彼を妻は最高の夫だと思っている」は、物語だ。

そして、この瞬間において、より説得力があるのは物語のほうだ。

計算で答えを求めることはなかなかできないが、それが世の仕組みというものだ。

次章では、人々が必ずと言っていいほど「不合理なもの」から「不条理なもの」へと流される理由について見ていこう。

8

SAME
AS
EVER

平穏は「狂気の種」を蒔く

狂気とは「いかれた」という
意味ではない。
狂気は普通のこと。
狂気の先もまた普通のこと。

巷(ちまた)にあふれている欲と恐怖のライフサイクルはこんな感じだ。

まず、よいことは永遠に続くと思い込む。
そして、悪いことに関心がなくなる。
そして、悪いことに耳を貸さなくなる。
そして、悪いことを否定する。
そして、悪いことにパニックを起こす。
そして、悪いことを受け入れる。
そして、悪いことは永遠に続くと思い込む。
そして、よいことに関心がなくなる。
そして、よいことに耳を貸さなくなる。
そして、よいことを否定する。
そして、よいことを受け入れる。
そして、よいことは永遠に続くと思い込む。
そして、振りだしに戻り、サイクルは繰り返される。

このようなサイクルが起こるのはなぜか、そしてこれからも起こりつづけるのはなぜか、さらに掘り下げてみよう。

安定は「不安定化」する

一九六〇年代は科学に対して楽観的な時代だった。それまでの五十年間で、世界は馬から馬車へ、さらにロケットへ、また瀉血(しゃけつ)から臓器移植へと移行した。

このことは、経済学者たちのあいだに、不況の原因を根絶やしにしようとする動きを広めるきっかけとなった。もし大陸間弾道ミサイルの発射に成功したら、月面を歩くことができたら、2四半期にわたったGDPのマイナス成長も間違いなく阻止できるだろうと。

セントルイス・ワシントン大学でキャリアの大半を過ごした経済学者のハイマン・ミンスキーは、経済の好不況という本質に魅了された。彼は、不況の原因を根絶やしにするなどバカげているし、今後も意味がないと考えていた。

ミンスキーが独自に打ち出した理論は、「金融不安定性仮説」と呼ばれた。

この理論は数学や公式を多用するものではなく、基本的には次のような心理プロセスを説明するものである。

・経済が安定すると、人々は楽観的になる
・人々が楽観的になると、借金をする
・人々が借金をすると、経済は不安定になる

ミンスキーが述べたかったのは、**安定は不安定化する**ということだ。景気が後退していない時期とは、実は次の景気後退の種を蒔(ま)いている時期なのである。だから、私たちは決して不況から逃れられない。

「繁栄が長く続いているあいだに、経済は安定したシステムを生み出す金融関係から、不安定なシステムを生み出す金融関係へと移り変わっている」と、ミンスキーは書いている。

何事もうまくいくだろうという考えが大きくなると、まるで物理の法則のように、私たちはうまくいかない方向へと突き動かされる。

これは、実に多くのことに当てはまる。

株式市場が決して下落しない世界を想像してみてほしい。市場の安定が確約されているも同然で、株価は上がる一方だ。

そうしたら、あなたはどうするか?

できるだけ多くの株を買うだろう。家を抵当に入れて、さらに買い足すかもしれない。腎臓を売ってでも株を買うことを考えるかもしれない。それが合理的な行動だ！

そのあいだにも株価はつり上げられ、評価額はますます高まる。あまりに割高になりすぎて、将来のリターンの見込みがゼロに近づいていく。

その瞬間、崩壊の種が芽吹く。

株価が上がれば上がるほど、想像もしなかったようなサプライズに影響されやすい市場は、不意を突かれることになる。

サプライズには、次の六つの共通した特徴がある。

- 情報不足
- 不確かさ
- 無作為
- 運
- タイミングの悪さ
- インセンティブ不足

資産価格が上がり、失敗する余地のない市場は、実はもうあとがない状態まで追い込まれている。完璧ではない何かを嗅ぎつけた時点で暴落するだろう。

皮肉なことに、市場が暴落しないと保証されているとき、より現実的にいえば、人々がそう思っているときのほうが、市場が暴落する可能性ははるかに高いのだ。

安定だけを考えると、不安定を引き起こすほど資産価格をつり上げる方向へと向かう賢明で、合理的な動きが生まれる。

安定は不安定化するのだ。

別の言い方をしてみよう。**平穏は狂気の種を蒔く。これまでも、これからもずっと。**

なぜパンデミックがあれほど衝撃的だったか

「歴史を知らないと、すべてが前例のないものに感じられる」と、かつて作家のケリー・ヘイズは書いた。

とても重要な考え方だ。

歴史家のダン・カーリンは、著書『危機の世界史』（渡会圭子訳、文藝春秋）の中で次のように書いている。

我々とそれ以前の人類との大きな違いは、病気による影響がきわめて少なくなったことだ……もし我々のような現代人が、産業革命以前の先祖たちと同じ死亡率で一年間暮らしたら、大きなショックを受けてしまうだろう。

現代の生活は、全般的にかつてないほど安全になっている。前世紀に見られた多くの進歩は、感染症の減少によるところが大きかった。一九〇〇年には、毎年十万人あたり約八百人のアメリカ人が感染症で死亡していたが、二〇一四年には、十万人あたり四十六人と、九四パーセントも減少した。

感染症の減少は、人類にとっておそらく史上最高の出来事といえるだろう。

という文のあとに、「しかし」と続けるのは先走りすぎだろう。これは、まったくもって素晴らしいことなのだから。

しかし、これが異常事態を引き起こす。

感染症による死亡者数が減少したことによって、世界は感染症に対処する備えを失ってしまった——医学的には違うかもしれないが、心理的には間違いなくそうである。百年前なら、悲劇ではあっても生活するうえで想定内であったものが、今では悲劇であり、かつ現代生活では想像も及ばないものになっている。実際、新型コロナウィルスのパンデミックがあれほど衝撃的かつ圧倒的だったのは、そのためだ。

ニューヨーク市長だったエド・コッチのスピーチライターを務めたクラーク・ウェルトンは、かつて次のように書いた。

> 一九三〇年代から四〇年代に育った人々にとって、伝染病の脅威にさらされるのは珍しいことではなかった。おたふく風邪、麻疹（はしか）、水疱瘡（みずぼうそう）、風疹（ふうしん）などが学校や町全体で大流行し、私自身もその四つすべてにかかったことがある。ポリオ（小児麻痺（しょうにまひ））は、何千もの人々（ほとんどは子ども）が麻痺になったり死亡したりと、毎年多くの犠牲者を出した。ワクチンなどなかった。成長するとは、感染症という避けられない苦難を乗り越えることを意味していた。
>
> 生後数週間のうちに六種ものワクチンの恩恵を受けられる今の世代と比べると、まるで別世界の話のようだ。二世代前までは普通だったことが、現代を生きている私には、想像もできない。

もし新型コロナウィルスが一九二〇年の世界を襲っていたなら、歴史書のありふれた悲劇の長ったらしい一覧のあいだに、もう一つの致死的パンデミックに関する一ページが追加されただけだっただろう。しかし、二〇二〇年という比較的平穏なときに発生したがために、ウィルスの危険に対する人々の考え方を再形成するほどの影響を及ぼしたのだ。

「警鐘を鳴らす専門家の声」が耳に届かなくなるとき

こんなことを考えるのはおかしいかもしれないが、この展開をハイマン・ミンスキーの心理プロセスに当てはめて考えてみよう。

過去五十年にわたってパンデミックが起こらなかったせいで、世界は新型コロナウィルスに感染しやすくなってしまったのか？　感染症による死者数が減少していたから、人々は現代にパンデミックが起こる確率を低く見積もってしまったのか？

前世紀にパンデミックを巧みに防げるようになったために、二〇二〇年になるまで、感染症によって自分の生活が脅かされる可能性を想定していた人がほとんどいなかったことが、新型コロナウィルスを危険なものにした一因だった。パンデミックが起こるなど、理解しがたいことだった。だから、実際に起こったとき、人々は何の準備もできていなかった。皮肉にも、よき時代は〝自己満足〟と〝警告を疑う心〟を育んでしまうのだ。

疫学者たちは、新型コロナウィルスのような何かしらの感染症によるパンデミックが起こる可能性について、もう何年も前から警鐘を鳴らしていた。

だが、ほとんどの人は耳を貸さず、パンデミックなんて歴史書の中や世界の別の地域でしか起こらないものと思い込んでいた。既に克服したものと思っていたリスクが迫っていることを人に納得させるのは難しいのだ。

「公衆衛生が役割を果たせば果たすほど、公衆衛生にかける費用は経費削減の対象になった」と、二〇二〇年に全米郡市保健当局協会のＣＥＯのローリ・フリーマンは述べている。

平穏が狂気の種を蒔いた。これは往々にして起こることだ。こんな感じの皮肉をよく耳にする。

・疑心暗鬼が成功につながるのは、常に警戒を怠らないからだ
・しかし、疑心暗鬼でいるのはストレスなので、成功するとすぐに疑うことをやめてしまう
・成功をもたらしたものを捨ててしまったあなたは、下降しはじめる。結果、はるかに大きいストレスを抱える

このことは、ビジネス、投資、キャリア、人間関係など、人生のあらゆるところで起こっている。

「最高の瞬間」にこそ、悪魔がやってくる

精神科医のカール・ユングは、エナンティオドロミアと呼ばれる理論を唱えた。あるものが度を越すと、反対のものが生まれるという考え方だ。

母なる自然から例を挙げてみよう。

二〇一〇年代半ば、カリフォルニア州は大規模な干ばつに見舞われた。二〇一七年に入ると、今度はありえないほどの降水量に襲われた。タホ湖の一部では、数カ月のうちに二十メートル以上もの雪が積もった（嘘ではない）。六年も続いた干ばつは終わったと宣言された。

それはよかったと思うかもしれない。しかし、このことは予想外の逆効果をもたらした。

二〇一七年の記録的豪雨により、その夏は植物が記録的成長を見せた。それはスーパーブルームと呼ばれ、砂漠の町までもが緑に覆われた。

二〇一八年には乾燥が続き、成長した植物はすべて枯れ、乾いた着火材となった。その結果、カリフォルニア州で過去最大級の山火事が発生した。

つまり、記録的豪雨が記録的山火事につながったのだ。

これは偶然ではない。樹木の年輪を見れば、豪雨の傷痕とそのあとの火事の傷痕とが刻まれ

ているのが確認できる。この二つは密接に関連しているのだ。

「豊水の年は火事が減る一方で植物の成長が促されるが、そのあとに乾燥した年が続くと、成長した植物が乾き、それによって火事の燃料が増える」と、アメリカ海洋大気庁は書いている。

感覚的に理解しにくい話だが、やはりここでも平穏が狂気の種を蒔いたのだ。

平穏が狂気の種を蒔くという現象によって、人間は物事がうまくいかなくなる確率や、そうなった場合の結果を、低く見積もってしまう。何より安全だと思っているときこそ、物事は最も危険になりうるのだ。

ウィル・スミスは、アカデミー賞授賞式のステージでクリス・ロックを平手打ちしたあと、デンゼル・ワシントンに助言を求めた。ワシントンはこう言った。

「最高の瞬間こそ気をつけるんだ。悪魔がやってくるのは、そのときだ」

「頂点がどこかを知る」には落ち目を経験するしかない

物事がどうにも手に負えない方向へ行きがちなのはなぜか。それは、楽観的な見方であっても悲観的な見方であっても、「こんなものかな」という一線を常に超えないわけにはいかないからだ。可能性の限界を知るには、限界を少し超えて冒険するしかない。

スタンダップ・コメディアンのジェリー・サインフェルドは、最も人気のあるテレビ番組を持っていたが、やがてやめてしまった。

人気絶頂のうちに番組を打ち切ったのは、「頂点がどこかを知るには落ち目を経験するしかないが、そのことに興味がなかったからだ」と、のちに彼は述べている。番組はさらに人気を高めることができたかもしれないし、できなかったかもしれない。彼は答えを知らなくても平気だった。

なぜ経済や市場には、正気の範囲を超え、好況から不況へ、バブルから暴落へと乱高下を繰り返してきた長い歴史があるのか。それは、サインフェルドのようなメンタリティを持つ人がほとんどいないからだ。人は頂点がどこかを知りたがる。しかし、それを知るには、行きすぎるまで突き進むしかない。振り返ることができるようになって、こう言う。

「ああ、あそこが頂点だったんだな」

「株価が割高ではないか？」

「ビットコインの価値は？」

「テスラの株価はどこまで上がる？」

これらの質問に計算式で答えることはできない。どこかのタイミングで誰かが喜んでお金を払いたいと思うかどうか、その人たちがどう感じているか、何を信じたいか、物語の語り手にどれだけ説得力があるかによって決まるのだ。

そして、物語は変わりつづける。それらを予測することはできない。ちょうど、三年後の自分がどんな気分かを予測できないのと同じように。

ある投資対象がさらに値上がりする可能性があるなら、誰かしらがそれを確かめようとするだろう。すぐに手にできる明らかなチャンスはどこにでも転がっているわけではないので、金持ちになりたい人間はこぞって逃すまいと群がってくる。だから、箱を置いて「この箱の中にチャンスがあるかもしれない」と張り紙をしておけば、必ず誰かが箱を開ける。頂点はどこかを確かめずにはいられないのだ。

市場が正気の範囲を超えるのも、常に悲観的になりすぎたり楽観的になりすぎたりするのも、そのためだ。

そうならないわけにはいかないのだ。

市場の潜在的なチャンスが尽きたと知るには、つまり、頂点を見きわめるには、データが理屈に合わなくなり、さらに人々がそのデータについての物語を信じられなくなるまで突き進むしかない。

タイヤ会社が新製品のタイヤの耐久性を確かめたい場合、どうするか。簡単な話で、そのタイヤを車に装着し、破裂するまで車を走らせてみればいい。ほかの投資家たちが耐えられる限界を知りたくてたまらない市場も、やっていることは同じだ。

今までも、これからもずっと変わらない。

これに対して、あなたにできることは二つある。

まず、狂気とは〝いかれた〟わけでも〝壊れた〟わけでもないことを受け入れよう。狂気は普通のこと。狂気の先もまた普通のことだ。

数年ごとに、市場はもう機能していないと言われているような気がする。すべて仕手株(してかぶ)だとか、経済の基礎的条件(ファンダメンタルズ)からかけ離れてしまっているとか。しかし、いつもそうなのだ。人々は正気を失っているわけではない。ただ、ほかの投資家が信じたいと思う限界を探っているだけだ。

次に、「ほどほど」の力を理解しよう。もっとサインフェルドのようになるべきだ。投資家のチャマス・パリハピティヤは、最大のリターンを得る方法について質問され、次のように答えた。

私は年率一五パーセントの複利で運用したいですね。それを五十年間続けることができれば、とんでもない額になりますから。難しいことに挑むときは、とにかくゆっくりと着実に。

もっと可能性はあるかもしれない。でも、「リスクはこのくらいにしておこう。あとはゲームの展開を見るだけで充分だ」と言うのも悪くない。誰もが言えることではないし、たいていの市場では絶対に無理だろう。だが、もっと多くの人がそうあるべきだ。

次章では、また別の狂気じみた問題について話そう。**よいものを手っ取り早く成長させたいと思わずにはいられない人間について**だ。

9

SAME AS EVER

もっと多く、もっと手っ取り早く、もっと急いで

ドーピングでよいアイデアが浮かんでも、
すぐに最悪のアイデアになる。

「九人の女性を妊娠させても、一カ月で赤ん坊は生まれない」と、かつてウォーレン・バフェットは冗談を言ったことがある。

これは冗談だが、驚くことに、人間はしばしば処理が追いつかないほどプロセスを速めようとする。

人は価値あるもの、特に儲かる投資や特別なスキルなどを見つけると、「素晴らしい。だが、それをもっと早く手に入れることはできないのか？」と訊いてしまいがちだ。もっと強硬に推し進められないか、規模を倍にできないか、もっと搾（しぼ）り取れないか、と。

ごもっともな質問なので、訊いてしまうのも無理はない。

人は長らく、価値あるものを無理に推し進めたり、手っ取り早くなんとかしようとしたり、多くを求めすぎたりしてきた。

しかし、**たいていのものには身の丈に合った規模とスピードがあり、それを超えて無理をすると逆効果**になる。

「最適なサイズ・規模」から逸脱する悲劇

ロバート・ワドローの話をしよう。彼は巨漢だった。これまで知られている中で、最も体の大きな人間だった。

脳下垂体の異常によって成長ホルモンが過剰に分泌されつづけた結果、ワドローの体は驚異的な大きさになった。七歳で身長百八十センチ、十一歳で二百十センチになり、二十二歳でこの世を去ったときの身長は二百七十二センチ、体重は二百二十五キロ、靴のサイズは五十五センチだった。手のひらの幅は三十センチもあった。

彼は、フィクションなら超人アスリートとして描かれるような人物だった。普通の人間より速く走り、高く跳び、重いものを持ち上げ、悪者をばんばん倒すような。実写版ポール・バニヤン【訳注：アメリカやカナダの民話に出てくる伝説上の巨人】だ。

しかし、ワドローの生涯はそれとはまったく違った。

彼は、立っているのに鋼鉄製の脚の固定具が、歩くのに杖（つえ）が必要だった。歩くときは足を引きずらなければならず、それも大変な労力を要した。現存する数少ないワドローの映像には、不自然でぎこちない動きをする様子が映っている。自力で立っていることはめったになく、たいていは壁に寄りかかって体を支えていた。脚にかかる負担があまりに大きかったために、晩年には膝から下の感覚がほとんどなかった。

もしワドローがもっと長生きして成長しつづけていたら、何気なく歩いただけで脚の骨が折れていただろう。彼を実際に死に至らしめた原因は、それに劣らず恐ろしいものだった。巨体に血液をめぐらせようと心臓に負担がかかった結果、両脚の血圧が上がり、固定具の不具合による傷の炎症が致命的な感染症を引き起こしたのだ。

人間のサイズを三倍にしても、性能が三倍になることは期待できない。人間の体はそのような仕組みにはなっていないのだ。

巨大な動物は、サイのように短くずんぐりとした脚をしているか、キリンのように胴体に対して極端に長い脚をしていることが多い。ワドローは人体の構造に見合わないほど大きくなってしまった。**拡大には限界がある**のだ。

ワドローより前の時代の生物学者、J・B・S・ホールデンは、この拡大の問題がいかに多くのことに当てはまるかを例証した。

ノミは約〇・六メートル、運動神経のよい人間の男性は約一・二メートル跳ぶことができる。しかし、もしノミが人間くらいの大きさになっても、何百メートルも跳ぶことはできない。そのような拡大のしかたはしない。巨大化したノミの空気抵抗ははるかに大きくなるし、ある高さまで跳ぶのに必要なエネルギー量は体重に比例するからだ。もしノミが通常の千倍の大きさになっても、その跳躍力は〇・六メートルからおそらく一・八メートルくらいになるだけだろう、とホールデンは推測した。

浴槽から出たあとの人間の体からは、おそらく約五百グラムの水が滴り落ちる。それでなんの問題もない。一方で、ネズミは濡れると、余分な水で重くなった体を引きずって歩かなければならず、ハエは濡れると地面でほぼ身動きが取れなくなる。同じ動作でも、サイズが異なれば、まったく異なる問題が生まれる。

「どんな種類の動物にも、最適なサイズがある。サイズが変われば、必然的に形も変わる」と、ホールデンは書いている。

最適なサイズ。

最適な状態なら物事はうまくいくのに、異なる規模やスピードにしようとして台なしにしてしまう。

これは、人生の非常に多くのことに当てはまる。

スターバックスの蹉跌(さてつ)――「無謀な拡大」の末路

投資とは、要約するとこういうことになる。株は長い目で見れば大金を払ってくれるが、早い支払いを求めると罰金が科される。

百六十五ページのチャートは、株式の保有期間に基づき、アメリカ株式市場がプラスのリターンを生み出してきた頻度（ひんど）を示している。

このチャートから一つ読み取れるのは、**投資には「最適な」期間がある**ということだ。それはおそらく、十年かそれ以上のようだ。そのくらいの期間になると、市場はあなたの辛抱にほぼ確実に報いてくれる。投資期間が短くなればなるほど、あなたは運に頼ることになり、破滅を招く。

歴史上の投資の失敗を見ていくと、そのうちの実に九〇パーセントが、この「最適な」投資期間を投資家たちが縮めようとした結果であるのがわかる。

企業でも同じことが起こる。

スターバックスは、創業二十三年目の一九九四年の時点で、四百二十五もの店舗を展開していた。一九九九年には、六百二十五店舗を新規オープン。二〇〇七年には、年間二千五百店舗を次々とオープンさせた。つまり、四時間ごとに新しいコーヒーショップが誕生していたことになる。

やがてスターバックスは、成長目標を達成しようと必死になるあまり、合理的な分析がおろそかになっていった。いつしか飽和状態に陥り、好況下にもかかわらず、既存店の売上高伸び率は半減した。スターバックスの失態は、物笑いの種となった。

アメリカ株式における「プラスのリターン」を得られた「保有期間」の割合
（※1871年～2018年。配当とインフレ調整後）

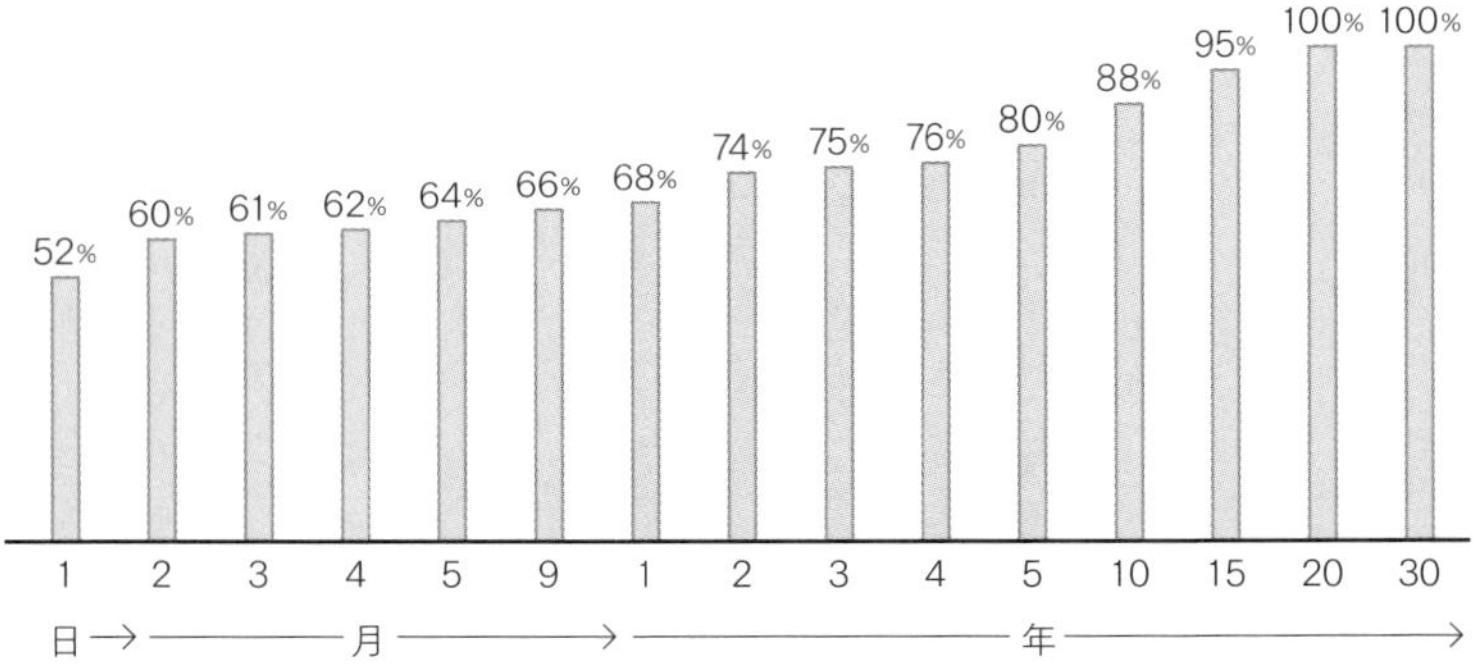

スターバックス創業者のハワード・シュルツは、二〇〇七年に執行役員に向けてこんなことを書いている。

「千に満たない店舗を一万三千店舗まで拡大するために、一連の決断をしなければならなかった。今思えば、それがスターバックスが積み上げてきた経験をふいにする結果につながってしまった」

二〇〇八年、スターバックスは六百店舗を閉め、一万二千人の従業員を解雇した。株価は七三パーセント下落。この数字は二〇〇八年の水準からしてもひどいものだった。

シュルツは、二〇一一年の自著『スターバックス再生物語　つながりを育む経営』（月沢李歌子訳、徳間書店）の中でこう述べている。

「今や誰もがよく知ってのとおり、成長とは経営戦略ではない。具体的な戦術である。規律なき成長が経営戦略となったとき、我々は道を見失った」

スターバックスには、スターバックスに見合った最適な規模があった。それは、どんなビジネスにもある。

それを超えて規模の拡大を推し進めれば、収益は増大するかもしれないが、失望する顧客が急速に増えることに気づくだろう。ちょうど、ロバート・ワドローが巨人にはなれたが歩くのに苦労したのと同じように。

このことをとてもよく理解していたタイヤ王のハーベイ・ファイアストーンは、一九二六年に次のように書いている。

一度に顧客を獲得しようとしても損をするだけだ。第一に、そもそも獲得できないから、かなりの資金が無駄になる。第二に、たとえ獲得できたとしても、供給が追いつかない。第三に、たとえ獲得できたとしても、すぐに離れていってしまう。急速に顧客を拡大させた企業は、急にお金を持った子どもと同じような行動をする。

企業合併もしばしば同じ罠に陥る。買収はたいてい、顧客が望んでいる以上の急速な成長を経営陣が望んだときに行なわれる。だが、顧客は事業が「最適な」規模であることを望んでいる場合がほとんどであり、それを超えた無謀な拡大はあらゆる失望につながる。

元ウォール街のトレーダーで、確率論の教授、著述家であるナシーム・タレブは、自身のことを国レベルでは自由主義者、州レベルでは共和党員、地元レベルでは民主党員、家族レベルでは社会主義者だと述べている。集団の規模が四人、百人、十万人、一億人と拡大すれば、人々のリスクや責任の負い方もまったく異なってくるというのだ。

企業文化も同じだ。十人規模の企業ではうまく機能する経営スタイルも、千人規模になれば企業を倒産させることがある。これは、数年という短期間で急成長を遂げる企業が身をもって学ぶ教訓だ。

ウーバーの前CEOのトラビス・カラニックがよい例だ。ウーバーが短期間で急成長できたのは、紛れもなくカラニックのおかげだった。しかし、企業が成熟するにつれ、必要とされたのは彼ではなかった。失策だったとは思わない。ただ、拡大に向かないものもあるという事実をよく表わしているにすぎない。

自然界には似たような例が山ほどある。そのほとんどが、**よいアイデアもあまりに焦って推し進めると、すぐに最悪のアイデアになってしまう**ことを示している。

「急いては事を仕損じる」は科学的に証明されている

ほとんどの苗木(なえぎ)は、最初の数十年を母樹の樹冠の陰に隠れて過ごす。太陽光をあまり受けられないため、ゆっくりと成長する。成長が遅いと、密度が高く硬い木になる。

しかし、広々とした野原に苗木を一本だけ植えると面白いことが起こる。大きな木によって日差しを遮(さえぎ)られることなくたっぷり浴びられるので、苗木はみるみるうちに育つ。

成長が速いと、密度が低く軟らかい木になる。そのような木は菌類や病気の温床となる。**「成長の早い木は腐るのも早いため、老木になる前に枯れてしまう」**と、森林管理官のペーター・ヴォールレーベンは書いている。急(せ)いては事を仕損じる、だ。

動物の成長についても考えてみよう。

同じ種類の稚魚を二グループ用意する。一方のグループを通常より冷たい水に、もう一方のグループを通常より温かい水に入れる。どちらの場合も、ある特定の温度になると興味深い現象が起こる。冷水に住む魚は通常より成長が遅くなり、一方、温水に住む魚は通常より成長が早くなる。

両方のグループを通常の温度の水に戻すと、最終的には普通サイズの成魚に落ち着く。

しかし、そのあと、驚くべきことが起こる。

稚魚のときに成長スピードがゆっくりだった魚は、平均よりも三〇パーセント長生きする。しかし、稚魚のときに人為的に成長スピードを速められた魚は、平均よりも寿命が一五パーセント縮まるのだ。

これは、グラスゴー大学の生物学者チームがかつて発見したことである。

原因は特に複雑なことではない。成長をあまりに加速させると、細胞組織を損傷させてしまいかねないのだ。

また同チームによると、そうした成長の加速は、「本来、損傷した生体分子の維持や修復に使われるべき能力を流用することによってのみ可能となる」という。

反対に、成長を遅らせると、「維持や修復に使われる能力の割り当てを増やすことができる」という。

「急いで製造された機械が、慎重に念入りに組み立てられた機械よりも早く故障するのは充分に予想できることだろう。我々の研究は、これが体にも当てはまることを示している」と、共著者の一人のニール・メトカーフは述べている。

成長するのはよいことだ。小さいままだと結局は食べられてしまうのだから。

しかし、無理やり成長させたり、成長を加速させたり、人為的に成長させたりするのは、逆効果になりやすい。

価値は「忍耐」と「希少性」から生まれる

ロバート・グリーンはこう書いている。

「創造性を妨害する最大の邪魔者は、あなたの焦りである。つまり、過程を急ぎ、手っ取り早く形にして世間の評価を得たいという、人間なら誰しもが持つ欲求である」

このトピックで重要なのは、**恋愛、キャリアから投資まで、素晴らしい価値があるもののほとんどは、忍耐と希少性という二つから得られる**ということだ。価値あるものにまで育てるための忍耐と、その忍耐の結果、作られた希少性だ。

にもかかわらず、人々が素晴らしいものを追い求めるときに実際によく使っている戦術は何か？ 手っ取り早く形にしよう、もっと拡大させようと躍起になることだ。

そこが常に問題だったし、これからも問題でありつづけるだろう。

いつだって変わらない。

次章では、時代を超えた、また別のトピックを見ていこう。**人はいつ、どこで、どうやってやる気を見出すのか。**

10

SAME AS EVER

「革新」が生まれるとき

ストレスは、好調なときには
ありえない集中力を生む。

歴史を通して、変わることのない真実が見えてくる。それは、**みんなが幸せで諸々が好調なときに、大きな変化や重要な技術革新は起こらない**ということだ。むしろ、そうした変革が起こるのは、ひどい出来事の最中や、そのあとと決まっている。人々がパニックやショックや不安をうっすらと感じつつも、すぐに行動しなかったせいで、苦痛に耐えられなくなったときに。

「ニューヨーク史上最悪の火災事故」の教訓

トライアングル・シャツウェスト工場の火災事故は、ニューヨーク市の歴史の中でも最大級の悲劇に数えられる。

一九一一年三月二十五日、移民女性を中心とする数百人が働く縫製工場で火災が発生した。従業員の大半は十代の若い女性で、二十二歳以上の大人はごくわずかだった。

工場は、わずか数分のうちにほとんど火に飲み込まれてしまった。

消防士たちが現場に急行したが、彼らの梯子(はしご)は六階までしか届かなかった。無力な従業員たちがいたのは、それより四階も上のフロアだった。

「誰もが外に出ようと走り回っていた」と、火災を生き延びたベッシー・コーエンは証言している。

パニックに陥った従業員たちは、わずかな酸素を求めてビルの窓に群がった。

下の通りには野次馬が集まりはじめていた。彼らの誰一人として、次の瞬間に目にした光景を忘れはしないだろう。

ある通行人によると、古い衣服に包まれた燃えさかる俵のようなものが窓から落ちてきて、地面にドスンとぶつかったという。また別の人は、火を消そうと燃えさかる服を窓から投げ捨てているのだと思ったそうだ。

さらに何度もドスンという音が続いた。やがて、工場の従業員たちが決死の覚悟で飛び降りているのだとわかった。

最初に一人、それから数人、そして十数人と。

「ドスン、死体、ドスン、死体、ドスン、死体」と、ある目撃者は語った。

工場のドアや非常口は、従業員たちが勤務時間中に休憩できないように施錠されていた。貨物用エレベーターも動かなくなると、いよいよ猛火を逃れるために窓から飛び降りるほかなかった。

「そこにきれいな女の子の姿があった。友だちのドーラだった」と、コーエンは回想している。

「飛び降りる前の彼女の顔を今でも覚えているわ」

すべての悲劇は三十分もしないうちに終わった。この火災で、百四十六人の従業員が亡くなった。

その夜、火災を下の通りから目撃していたフランシス・パーキンスという女性は、自分の目に飛び込んできた様子を次のように記者に語った。

「二、三人が同時に落ちてきた。一縷（いちる）の望みのようなものをかけて一緒に飛び降りたのよ。救助網は破れていた。消防士が飛び降りてはだめだとずっと叫んでいた。でも、彼女たちに選択の余地はなかった。炎がすぐ後ろまで迫っていたのだから」

二十年後、パーキンスはフランクリン・ルーズベルト大統領により労働長官に任命され、女性初の閣僚となった。

工場火災で目の当たりにした光景と、もっとよい労働環境——非常口やドアが施錠されていないといった基本的なこと——であったなら死を防げていたかもしれないと思い、パーキンスは慄然（りつぜん）とした。その後、彼女はほかのたくさんの人々とともに、労働者の権利を求める戦いに残りの人生を捧げた。

「ぬぐい去れない罪悪感に突き動かされて、このような災難を二度と起こさないために、私たちは一致団結したのです」と、パーキンスは書いている。彼女はこの火災事故のことを、「このような悲劇を招いた労働条件と戦うために自分の人生を捧げることになった経緯を思い出させてくれる、決して忘れることのない出来事」と呼んでいる。

トライアングル・シャツウェスト工場の火災事故は、ある意味で、二十世紀を変えることとなった労働者の権利運動の発端となったといえる。

火災からの約半世紀を振り返り、パーキンスはこう述べている。

「ニューディール政策——労働者の権利に目を向けてアメリカ経済の立て直しを図った、一九三〇年代の経済政策——は、一九一一年三月二十五日、トライアングル・シャツウェスト工場の火災があった日に魂を吹き込まれた」

ストレス、苦痛、不快感、ショック、嫌悪感。

こうした悲劇に見舞われたときは、同時に魔法が起こるときでもある。

革新はいつも「切羽詰まった問題」から生まれる

自動車と飛行機は、現代における二つの大きな技術革新である。

しかし、最初期に注目すると、興味深いことが見えてくる。

世に出たばかりの自動車を見て、「おお、これは通勤に使えそうだ」と言った人は、ほとんどいなかった。

飛行機を見て、「ああ、次の休暇はこれに乗って出かけられるぞ」と言った人も、ほとんどいなかった。

人々が自動車や飛行機の可能性に気づくのに、何十年もかかった。

初期の自動車や飛行機を見て、実際に人々が言ったのは次のようなことだった。

「機関銃は搭載できるだろうか？　爆弾を落とせるだろうか？」

アドルファス・グリーリーは、自動車業界の関係者以外で「馬なしの馬車」の有用性に真っ先に気づいた人物の一人だった。

アメリカ陸軍准将だったグリーリーは一八九九年、フォード・モデルTが世に出る十年近くも前に、アメリカ陸軍の実験用として三台の自動車を購入した。

『ロサンゼルス・タイムズ』紙は、自動車についていち早く取り上げた記事の中で、グリーリー准将が自動車を購入したことを次のように書いている。

これは機関銃のような軽量の武器の運搬に使用できる。ほかにも装備品、弾薬、物資などの運搬や、負傷者の後衛への搬送など、一般的に、現在ラバや馬の力が用いられているほとんどの目的に代用できるだろう。

九年後、『ロサンゼルス・タイムズ』紙は、若きウィルバーとオーヴィルのライト兄弟にインタビューをした。そこで二人は、新たに発明した空飛ぶ機械の今後の展開について記者に語った。記事には次のように書かれている。

彼らの考えでは、航空機の有用性は、戦争時の偵察手段としての利点に尽きるという。彼らはこの発明を民間企業に売る気はなく、陸軍省に採用されることを望んでいる。

ライト兄弟には、それが正しい道と信じるだけの理由があった。発明当初、彼らにとっての本当の顧客、つまり航空機に関心を示していたのは、アメリカ陸軍だけだったのだ。実際、陸軍は一九〇八年にライト兄弟の最初の「フライヤー号」を購入している。

陸軍が早くから自動車や飛行機に関心を寄せていたのは、先の見通しが偶然にも的中したからではない。大きな技術革新の一覧を見ていくと、軍との関連が繰り返し浮かび上がってくる。

レーダー。

原子力。

インターネット。

マイクロプロセッサ。

ジェット機。

ロケット。

抗生剤。

州間幹線道路。

ヘリコプター。

GPS。

デジタル写真。

電子レンジ。

合成ゴム。


以上はすべて、軍で開発されたもの、あるいは、軍の多大な影響を受けて誕生したものだ。

なぜか？

軍とは、技術に関して最高に優れた先見の明の持ち主が集結する本拠地なのか？　才能あふれるエンジニアも？

そうかもしれない。

しかし、それより重要なのは、**ただちに解決すべき実に大きな問題が軍に集結する**ということだ。

「ヒトラーに世界を乗っ取られる」という強烈な危機感

革新は、さまざまな種類のやる気に駆り立てられる。

たとえば、こんな感じだ。

「これを解決しなければ、クビになるかもしれない」

そうとなれば、脳が一気に研ぎ澄まされるだろう。

こんな場合もある。

「これを解明すれば、人助けになるし、大金を稼げるかもしれない」

そうとなれば、創造のひらめきがパッと生まれるかもしれない。

軍はというと、常に次のようなことに向き合ってきた。

「これを今すぐ解決できなければ、国民全員が死に、アドルフ・ヒトラーに世界を乗っ取られてしまう」

そうとなれば、かつてないほど短期間のうちに、驚異的な問題解決と技術革新が達成されてもおかしくない。

二十世紀前半のアメリカの編集者、歴史家のフレデリック・ルイス・アレンは、第二次世界大戦中に見られた爆発的な科学の進歩について、次のように書いている。

戦時中、政府は科学研究開発局などを通じて、常にこのようなことを言いつづけていた。「この発見やあの発見が、戦争に役立つ可能性はあるか？　ならば、ただちに開発して実用化せよ。費用は気にするな！」

軍が技術革新の主動力となるのは、ときに資金や人手が障壁にならないほど重要かつ緊急かつ不可欠な問題に取り組んでおり、関係機関もまた平常時にはなかなかできないような方法で軍に協力するからだ。

広告をクリックさせようとするシリコンバレーのプログラマーのやる気と、国の存続を脅かす戦争を終わらせようとするマンハッタン計画【訳注：第二次世界大戦中に、原子爆弾の開発と製造を目指して、科学者や技術者が総動員された計画】に携わる物理学者のやる気とを比較することはできない。

もちろん、彼らの能力を比較することもできない。

同じ知力を持つ同じ人間でも、状況が異なればポテンシャルは大きく変わってくる。

また、きわめて重大な技術革新を生み出すような状況は、人々を不安にさせ、怯(おび)えさせ、「自分たちの将来がかかっているのだから、今すぐ動かなければ」と躍起にさせる状況でもある。

「すべてがうまくいっているときに、真のレジリエンス（適応力、困難を乗り越える力）は発揮されない」と、ショッピファイの創業者のトビアス・リュトケは述べている。

「困難に対する強い反応から放出される余分なエネルギーこそが、革新を生むのだ！」と、作家でトレーダーのナシーム・タレブは書いている。

ストレスは、好調のときにはありえない集中力を生む。それは先延ばしや優柔不断を断ち切り、やるべきことを眼前に突きつけるので、今すぐ全力で取り組むほかなくなるのだ。

第二次世界大戦中に、あるアメリカ軍兵士が匿名で新聞のインタビューを受けた。戦闘中に何を考えているかと尋ねられ、兵士はこう応えた。

「恐怖を忘れまいと思っていました。それが生き延びるために、そして不注意なミスを犯さないためには最善の方法だから」

優れたアドバイスであり、賢明な考え方である。これは多くのことに当てはまる。

「世界大恐慌」がもたらした最高の〝技術的進歩〟

一九三〇年代は、アメリカ史上稀に見る暗く悲惨な時代だった。

国民の四分の一近くが失業し、株式市場は八九パーセントも下落した。

この時期といえば、以上の二つの経済物語に注目が集まるのも無理はない。

しかし、めったに語られることはないが、一九三〇年代について、また違う角度の物語がある。それは、**アメリカ史上でも群を抜いて生産性と技術的進歩に秀でた十年だった**ということだ。

人々がどれだけ多くの問題を解決したか、より効率的にものを作る方法をどう見出したのか。これらは、その後の二十世紀があれほど繁栄した理由を説明するうえでヒントになるにもかかわらず、忘れ去られてしまった物語だ。

数字を見てみよう。全要素生産性――人々の労働時間や資本に対する経済生産高――は、かつてないほどの水準に達した。

経済学者のアレックス・フィールドによると、一九四一年までに、アメリカ経済の生産高は一九二九年に比べて四〇パーセント増加したが、総労働時間はほぼ変わらなかったという。つまり、単純に一人ひとりの生産性が驚くほど向上したということだ。

三〇年代に起こった、いくつかの出来事に注目してみよう。なぜなら、生産性がこのように向上した理由が、そこから見えてくるからだ。

たとえば、車。一九二〇年代は自動車の時代だった。アメリカ国内を走る自動車の数は、一九一二年に百万台だったのに対し、一九二九年には二千九百万台まで激増した。

しかし、道路はまた別の話だった。一九二〇年代には、車の売れ行きに道路建設が追いついていなかった。

一九三〇年代になると状況は一変した。ニューディール政策の公共事業局による推進を受けて、道路建設が本格化したのだ。

道路建設に対する支出は、一九二〇年にはＧＤＰの二パーセントだったのに対し、一九三三年には六パーセントを超えた（現在は一パーセントにも満たない）。幹線道路交通局は、プロジェクトがどれほど急激に始まったか、次のように語っている。

一九三三年八月五日、同法に基づく最初の幹線道路計画として、ユタ州で建設が着工された。一九三四年八月には、二万六千二百八十キロに及ぶ新道路計画が完了した。

このことが生産性に与えた影響は、いくら強調しても足りないくらいだ。たとえば、ペンシルベニア州南部を東西に結ぶペンシルベニア・ターンパイクは、ピッツバーグからハリスバーグまでの移動時間を七〇パーセント短縮した。一九三三年に建設されたゴールデン・ゲート・ブリッジは、それまでサンフランシスコからフェリーでしか行くことができなかったマリン郡への門戸を開いた。

このような急激な開発が全国に拡大した結果、一九三〇年代はアメリカで交通が花開いた時期となった。こうして完成した道路網は、一世紀前の鉄道網を真に効率的なものに変える最後のリンクとなり、国中をつなぐラストワンマイル事業【訳注：鉄道駅などの交通結節点から自宅などの最終目的地までを結ぶ物流サービス】を生み出した。

一九三〇年代には、電力供給も一気に加速した。中でも顕著だったのは、一九二〇年代に実施された都市部の電化から取り残されていた農村部への供給だ。

ニューディール政策の一環である農村電化局（ＲＥＡ）が農場に電力を供給したことは、過去の十年間で経済的な大打撃を受けた地域にとって、唯一、希望の持てる進歩だったかもしれない。

アメリカの農村部で電気が供給されている世帯は、一九三五年には一〇パーセントにも満たなかったのに対し、一九四五年には五〇パーセント近くまで増加した。

想像しがたい話だが、つい最近までアメリカの大部分が文字どおり暗闇に包まれていた。今生きている私たちの中にも、特に祖父母世代のほとんどは、実際にそうした時代を経験しているのだ。

フランクリン・ルーズベルトは、ある演説でREAについて次のように述べた。

電気はもはや贅沢品ではありません。なくてはならないものになったのです。……我々の家庭において、電気は明るさをもたらすばかりでなく、勤勉な召使いとなって無数の方法で家族に奉仕するようになるでしょう。主婦の家事労働を楽にし、また働き者の農夫にのしかかっていた大きな負担を軽減してくれるでしょう。

洗濯機、掃除機、冷蔵庫が家庭に導入されるなど、電気が「勤勉な召使い」になったことで、家事労働に費やす時間が大幅に減り、その結果、女性たちの労働参加率が上昇した。この傾向は半世紀以上も続き、二十世紀の成長と男女平等の大きな原動力となった。

一九三〇年代には、一般市民が商品のコストパフォーマンスを追求する必要に迫られたことによっても、生産性が急激に向上した。

一九三〇年、最初のスーパーマーケットが開店した。それまでは、肉屋へ行って陳列ケースから肉を出してもらい、パン屋へ行って陳列ケースからパンを出してもらい、農作物直売所へ行って注文を取ってもらう、といったように歩き回って食料品を購入するのが普通だった。すべてを一つ屋根の下にまとめ、客に自分で棚から商品を選ばせるシステムは、国民の四分の一が失業していた時代において、食品販売業界を活性化させる画期的な方法の一つだった。

コインランドリーもまた、個人向け洗濯機の売り上げが落ち込んだ一九三〇年代に考案された。それらは、洗濯機をレンタルできるという売り込みで市場に出された。

あらゆる業種の工場が、激減した売り上げを見てこう言った。

「生き残るために何をすべきか?」

しばしば、その答えは、ヘンリー・フォードが二〇年代に世の中に提示した組み立てラインを作ることだった。

一九二〇年代には、工場の時間あたりの生産高が二一パーセント増加した。フレデリック・ルイス・アレンはこう書いている。

「一九三〇~四〇年の世界恐慌の時代、多くの工場が閉鎖され、また働き方がパートタイムになったことで、効率性や経済性が強く求められるようになった。結果、その時期の工場の一時間あたりの生産高は、四一パーセントという驚異的な伸び率となった」

経済学者のロバート・ゴードンはこう書いている。

「世界恐慌のトラウマが、アメリカの開発の勢いを減速させることはなかった。それどころか、技術革新のペースは加速したのだった」

一九三〇年代に人々が知識労働へと促されたのは、ほかに何もすることがないからと学校にとどまる若者が増えたからだった。高校卒業者の数は、世界恐慌のあいだに急増した。同じレベルの伸び率が再び見られるのは、一九六〇年代になってからだ。

刷新された工場、新しいアイデア、高学歴の労働者、これらすべてが、アメリカが第二次世界大戦に参戦し、連合国の製造業を主導する立場となった一九四一年には、不可欠なものとなっていた。

ここで大きな疑問が湧いてくる。**一九三〇年代の技術的急成長は、世界恐慌による荒廃なくして起こりえただろうか？**

答えはノーだろう。少なくとも、現実に起きたほどの伸び率にはなっていなかったはずだ。

「月面着陸」成功の原動力は恐怖以外の何ものでもない

フランクリン・ルーズベルトが行なったニューディールのような政策は、経済があそこまで落ち込み、人々がそれを回復させるためならなんでもしようと躍起にならなかったら、決して推し進めることはできなかっただろう。

経営破綻という最大の脅威なしに、事業主や起業家が新たな効率をあそこまで必死になって模索しただろうか。

従業員に向かって、経営者がこう言う。

「何か新しいことをやってみろ。マニュアルなど無視してかまわん」

経済が好調で先行きが明るいときに、経営者の口からこのような言葉が発せられることはない。

大規模で急激な変化は、必要に迫られたときにしか起こらないのだ。

第二次世界大戦は、一九三九年に馬にまたがって始まり、一九四五年に核爆弾によって終結した。NASAは一九五八年、ソ連が人工衛星スプートニク三号を打ち上げた二カ月後に設立され、わずか十一年後には月面着陸を果たした。恐怖を原動力とせずに、こうした出来事がこれほどのスピードで起こることはまずない。

民間航空機も同じだ。飛行がこれほど安全なのは、事故が起こるたびに、将来に似たような事故を起こす確率を減らすべく、学習と修正のプロセスを徹底的に行なっているからだ。

同じことが二〇〇〇年代にも起こった。二〇〇八年のオイルショックによる原油価格の高騰が、石油会社に掘削技術の革新を促したことで、アメリカの石油生産量は過去最高を記録した。以前の石油危機なしに、このような技術革新ブームは起こっていただろうか？　間違いなく起こっていなかっただろう。

新型コロナウィルスのパンデミックのときも同じだった。世代を超えたリスクとパニックが、驚くべきスピードでの新たなワクチン開発と生産につながった。

第二次世界大戦中にアメリカの科学研究開発局を率いていたヴァネヴァー・ブッシュは、戦争によってもたらされた医学の進歩――とりわけ、抗生物質の生産と使用――によって、戦時中に失われた命よりも多くの命が救われた可能性があると暗に述べたことで、物議を醸した。

危機の最中にあって、このようなプラスの面を想像するのは非常に難しいだろう。だが、実際のところ、こうしたことは歴史の中で何度も繰り返し起こっているのだ。

すべてが絶好調のとき、人は愚行に走る

ストレスにあと押しされた技術革新には、明らかに限界がある。やる気につながる有用なストレスが生じる事態と、どうにもできない最悪な事態とのあいだには、微妙な違いがある。後者になると、技術革新は妨げられる。なぜなら、資源すら枯渇してくると、人々は危機を脱するより、ただ生き延びることに集中するようになるからだ。

そして、おそらく同じくらい重要なのは、逆の状態になったときに何が起こるかということだ。**富に恵まれ、見通しも明るく、背負うべき責任も少なく、脅威も過ぎ去ったかに思えるような、すべてが絶好調のとき、人は最低最悪の愚かで生産性のない行動を取る**ようになる。

リチャード・ニクソン大統領は、かつて次のような見解を示した。

世界一不幸なのは、フランスの南海岸や、ニューポートビーチ、パームスプリングス、パームビーチといった国際的な海岸リゾートに住む人々だ。毎晩パーティに出かけ、午後にはゴルフ。飲みすぎ、しゃべりすぎで、考えることはほぼない。定年退職して、目的もない。

これに真っ向から反対して、「ああ、とにかく百万長者になれたら！　そうしたら最高なのに」と嘆く人もいる。毎日働かずにすむなら、釣りや狩りやゴルフや旅行だけしていられたら、

世の中そんな素晴らしい生き方はない、と。そういう人たちは人生を知らないのだ。なぜなら、人生を意味あるものにするのは、目的だからだ。目標だからだ。戦い、葛藤(かっとう)することだからだ——たとえ勝てなくても。


起業家のアンドリュー・ウィルキンソンも、似たようなことを述べている。

「最も成功している人とは、生産性にとらわれて不安障害になっている人のことだ」

投資家のジェームズ・P・オショーネシーはこう書いている。

「私の経験上、これまで出会った才能が抜きんでた人々の多くは、幸せそうとは言いがたかった。正直、〝苦しんでいる〟という表現のほうが似合う人が多かったかもしれない」

恐怖、苦痛、葛藤は、前向きな感情では決して張り合うことのできない原動力となる。

これは歴史から得られる大きな教訓であり、次の格言が常に真実であると気づかせてくれる。


願い事をするときは注意せよ【訳注：安易な願い事をして叶(かな)っても、大して幸せにはならないかもしれないという意味】。

気ままでストレスのない人生は、それがモチベーションを下げ、進歩を妨げていると気づいたとき、素晴らしいものとは思えなくなる。苦難を喜ぶ人はいないし、あえて喜ばなくてもいい。だが、**苦難こそが問題を解決しようとする意欲を何よりも刺激し、また苦難こそが今を充実させていると同時に、未来をさらに充実させるためのきっかけにもなっている**と認識すべきだ。

次は、ドワイト・アイゼンハワーの人生最悪の日の話と、**奇跡や災難という普遍的なトピック**を見ていこう。

11

SAME AS EVER

一瞬で起こる悲劇、時間をかけて起こる奇跡

吉報を聞くには、時間がかかる。
凶事は、一瞬にして起こりうる。

多くのことを説明するうえで重要な事実がある。それは、**よい出来事が起こるまでには時間がかかるが、悪い出来事はあっという間に起こる**ということだ。

多くのことが、そうやって動いている。

これは、世の中のごく自然な仕組みである。よい出来事は積み重ねによって起こるので、常に時間がかかる。一方、悪い出来事は信頼の失墜や致命的な失敗によって、一瞬にして起こりうる。

「途方もない進歩」には「途方もない時間」がかかる

一九五五年九月二十三日、ドワイト・アイゼンハワーは昼食にハンバーガーを食べた。その日の夕方、彼は胸に痛みを覚え、タマネギのせいで胸焼けがすると妻に訴えた。その後、パニックに襲われた。重度の心臓発作を起こしていた。それで呆気なく死んでいてもおかしくはなかった。もしそうなっていたら、アイゼンハワーはその年に心臓発作で死亡した七十万を超えるアメリカ人の一人に加わっていたことになる。

そこからの世の中の進歩は、目覚ましいものだった。だが、そのことに注目している人はほとんどいない。

アメリカ国立衛生研究所によると、心臓病による人口一人当たりの年齢調整死亡率は、一九五〇年代から七〇パーセントも低下しているという。

あまりに多くのアメリカ国民が心疾患で死亡してきたのだから、その致死率が七〇パーセントも低下すれば、考えも及ばないほど多くの命が救われることになる。

もし死亡率が低下していなければ、つまり、心疾患の治療法が進歩せず、死亡率が一九五〇年代から横ばいのままだったら、過去六十五年間で実際よりも二千五百万人も多くの国民が心疾患で死亡していたことになる。

二千五百万人！

たった一年に換算しても、その功績は計り知れない。現在、心疾患で死亡するアメリカ国民は、一九五〇年代以降まったく進歩しなかった場合に比べ、毎年五十万人以上も減少している。

これは、アメフトのスタジアムを満員にするほどの命が毎月救われているということだ。

なぜ、これが大きな話題にならないのか？

なぜ、この驚くべき偉業を街中で大声で祝福するなり、心臓専門医の像を建立するなりしないのか？

理由を教えよう。それは、**進歩が遅すぎるあまり、誰も気づかなかった**からだ。

一九五〇年から二〇一四年のあいだの心疾患死亡率の年平均減少率は、一・五パーセントだった。

「昨年の心疾患死亡者数、一・五パーセント減」というニュースの見出しを見て、あなたならどう反応するだろうか？　きっと、あくびをしながら次の話題に移るだろう。

それが、私たちがしてきたことだ。

世の中に「悲観論」が噴出しやすい理由

私たちは、いつもそうやってきた。**きわめて重要なことは積み重ねから生まれる。しかし、積み重なるには時間がかかるため、気づかれないことが多い。**

人々が新技術に気づくまでに、何年も何十年もかかる。それから、人々がそれを受け入れて実際に使うようになるまでに、さらに何年も何十年もかかる。

すぐにその可能性が認められ、即座に一般市民に受け入れられた新技術があれば、ぜひ教えてほしい。そんなものは存在しない。しばしば、もう何年も新技術が生まれていないような気がして、悲観論が噴出する。しかし、たいていは新技術に気づくまでに何年もかかっているだけだ。

これは自然科学の分野においても当てはまる。歴史家のデイヴィッド・ウートンによると、細菌が発見されてから、それが病気の原因であることが医学的に認められるまでに二百年、減菌方法が発見されるまでにさらに三十年、ペニシリンが実用化されるまでにさらに六十年かかったという。

経済成長も同じだ。

アメリカの一人あたり実質GDPは、過去百年間で八倍になった。一九二〇年代のアメリカの一人あたり実質GDPは、現在のトルクメニスタンと同じ水準だった。過去一世紀で、私たちは信じられない成長を遂げた。しかし、GDP成長率は年平均にすると三パーセントであり、どの年、どの十年、どの人の一生涯で切り取っても、その成長は見逃されやすい。

五十歳以上のアメリカ人の場合、自分が生まれてから現在まで、一人当たりの実質GDPは少なくとも二倍にはなっている。

だが、人というのは、自分が生まれたときの世界など覚えていない。覚えているのは、進歩が目に見えてはわからない直近のせいぜい数カ月くらいだ。

キャリア、社会的進歩、品質、企業、人間関係も同じだ。進歩はいつだって時間がかかる。しばしば、時間がかかりすぎて、起こっていることすら気づかれない。

なぜ〝破滅の瞬間〟は突如訪れるのか

だが、悪い出来事は？

悪い出来事は内気でも繊細でもない。それは一瞬にしてやってくる。あまりの速さに、人々は圧倒され、目を逸らせなくなる。

真珠湾攻撃とアメリカ同時多発テロは、おそらく過去百年間で最も大きな事件だろう。どちらも攻撃開始から終了までにかかったのは約一時間だった。

ほとんどの人が新型コロナウィルスなど聞いたこともない状態から、わずか三十日足らずで人生をひっくり返された。

創業百五十八年になるリーマン・ブラザーズは、史上最高値からわずか十五カ月足らずで倒産に追い込まれた。エンロン、ファニーメイ（連邦住宅抵当公庫）、フレディマック（連邦住宅抵当貸付公社）、ノキア、バーナード・マドフ【訳注：史上最大規模の投資詐欺を主導したアメリカの資本家】、カダフィ大佐（リビアの軍人政治家）、ノートルダム大聖堂、ソ連も同じだ。何十年も繁栄したものが数分で破滅する。その逆はない。

このことには、相応の理由がある。

成長しようとすると、必ずやそれを阻止しようとする敵との競争を強いられる。新しいアイデアは注目を得るために戦い、新たなビジネスモデルは既存モデルと戦い、超高層ビルは重力と戦う。そこには常に逆風が吹く。だが、衰退からは誰もが逃げ出す。中には、逃げずに衰退を遅らせようとする人もいるかもしれないが、進歩のときとは違い、大勢が押し寄せて、逆方向に押し戻そうとすることはないのだ。

「作るのは複雑、壊すのは簡単」

人間が誕生するためには、何百億という段階を一つずつ正しい順序で踏んでいかなければならない。しかし、人間を死に至らしめるには、たった一つのことが起これぱいい。

ヒトの胚(はい)は、発生からわずか五週間で脳、鼓動する心臓、膵臓(すいぞう)、肝臓、胆嚢(たんのう)を持つ。生まれた赤ん坊は、千億個のニューロン、二百五十兆個のシナプス、十一種類の互いに協調し合う器官系、そして一つの人格を持つ。それらの仕組みは、驚くほど複雑だ。

一方、死は簡単だ。外傷、心疾患、脳卒中、一部のがん、感染症、薬物の過剰摂取など、ほとんどの死は血液と酸素の欠乏によって引き起こされる。それだけだ。病気そのものは複雑かもしれないが、致命的な一打となるのは、充分な血液と酸素が必要なところに行きわたらないことだ。

人を作るのは、想像を絶するほど難しい。

人が死ぬのは、実に簡単だ。

同じようなことを、『サピエンス全史』の著者ユヴァル・ノア・ハラリも書いている。

「平和を謳歌(おうか)するためには、ほとんどすべての人がよい選択をする必要がある。対照的に、片方の側だけが誤った選択をすると戦争になりかねない」

「作るのは複雑、壊すのは簡単」という法則は、どこにでも当てはまる。建築には熟練の技術者が必要だが、解体には大きなハンマーがあればいい。そう易々と壊れないものでも、たいていの場合、それを作ったときに比べれば壊すほうがまだ簡単だ。

皮肉なことに、成長や進歩のほうが衰退よりも強い影響力があるにもかかわらず、注目を集めるのは決まって衰退のほうだ。

なぜなら、衰退はあっという間に起こるからだ。悪い出来事が声高に報じられているあいだに、ゆっくりと進歩しているのが通常の状態なのだ。なかなか慣れないだろうが、それはこれからもずっと変わらない。

ここで明らかなのは、次の二点である。

1. 多くの進歩やよい出来事とは「実際には起こらなかったこと」である一方、ほとんどの悪い出来事は「実際に起こったこと」である

よい出来事とは、起こらなかった死、かからなかった病気、勃発(ぼっぱつ)しなかった戦争、回避された悲劇、阻止された不正だ。それらを文脈に当てはめて理解したり、想像したりするのは難しい。

一方、悪い出来事は目に見える。むしろ、あなたの目の前まで迫ってくる。それはテロ攻撃であり、戦争であり、交通事故であり、パンデミックであり、株式市場の暴落であり、政治闘争である。どれも目を逸らすことができない。

2. どれほどの進歩が達成可能なのかについては、軽視されやすい

私がこう尋ねたとする。

「平均的なアメリカ人が、五十年後に今より二倍のお金を持てるようになっている確率は?」

なんとバカげた質問だと思うだろう。その確率はとても低いような気がする。今よりも二倍だって? 既にあるものを倍にする? そんなのは無謀すぎる、と。

だが、こう尋ねたらどうだろう。

「今から五十年間、年平均一・四パーセントの成長率を達成できる確率は?」

ずいぶん悲観的な質問に聞こえるかもしれない。一パーセントだって？　それだけ？

しかし、当然ながら、どちらの数字も意味は同じだ。

今までもそうだったし、これから先もずっと変わらない。

関連するトピックとして、**リスクがいかに軽視されやすいか**、核爆弾にまつわる話を紹介しよう。

12

SAME AS EVER

塵も積もれば山となる

些細なことの積み重ねが、
とてつもない結果をもたらす。

人々はよくこんなふうに考える。巨大な脅威や願ってもないチャンスは、強大な企業、国家、技術革新などによってもたらされるのだ、と。

しかし、通常はそうではない。

二〇一〇年のイェール大学の研究によると、肥満が増加しているのは、必ずしも食事の量が増えているからではなく、一日のちょっとした間食の回数が増えていることが主な原因だという。

これは、多くの物事の仕組みを示す好例だ。

ほとんどの大惨事は、小さなリスク――その一つひとつは見過ごされやすい――がいくつも発生し、積み重なった結果である。同様に、ほとんどの素晴らしい出来事は、取るに足りない小さなものが積み重なって、とてつもないものへと変化することで起こる。

核兵器開発競争と「リスク」の話

かつてソ連は、広島に投下された原爆の千五百倍もの威力を持つ核爆弾を製造した。

ツァーリ・ボンバ（爆弾の皇帝）と呼ばれたその核爆弾の破壊力は、第二次世界大戦中に使用された非核爆弾をすべて合わせたそれの十倍であった。ロシアで実験されたとき、その火球

Chapter 12 塵も積もれば山となる

は約千キロ離れた地点でも観測され、またキノコ雲は約七十キロ上空にまで到達した。

歴史家のジョン・ルイス・ギャディスは次のように書いている。

爆発が起こった島は、雪はおろか岩石も真っ平らにならされ、まるで巨大なスケートリンクのような姿になった。ある試算によると……爆発後に生じた火災はメリーランド州ほどの広さの地域一帯【訳注：約三万二千キロ平方メートル】を飲み込んだという。

最初の核爆弾は、第二次世界大戦を終わらせるために開発された。それから十年もしないうちに、人類は世界を終わらせることのできる爆弾を手に入れた。

しかし、これら爆弾の恐ろしすぎる殺傷能力には、奇妙にも明るい側面があった。というのも、リスクが高くなりすぎたせいで、各国がそれらを実戦で使用する可能性がほぼなくなったのだ。敵国の首都を一掃すれば、六十秒後には自国が同じ目に遭う。わざわざそんなことをする必要はない。ジョン・F・ケネディはこう述べた。

「ポエニ戦争時のローマさながらの小国が無傷で残り、カルタゴのごとき二大国が消滅するような戦争」は両国とも望んでいない、と。

一九六〇年になると、人類はそれまでと逆方向に進むことで、この窮地（きゅうち）を回避した。より小型で殺傷能力の低い核爆弾を製造するようになったのだ。

デイビー・クロケットと呼ばれた爆弾は、広島に投下された原爆の六百五十分の一の威力しかない代わりに、ジープの後部から発射することができた。また、靴箱ほどのサイズの弾頭と一緒にリュックサックにおさめられる核地雷も製造された。

これら小型核兵器のほうが理を弁えているし、リスクも少ないように思われた。世界を終わらせることなく使用できる、と。


ところが、これが逆効果だった。

小型核爆弾は――それが目的だったのだから当然だが――実際に戦闘で使用する可能性を高めてしまった。核爆弾の正当な使用のハードルを下げてしまったのだ。

戦いは一変した。悪い方向へと。

ここでのリスクは、どちらかの国が理を弁えて小型核兵器を実戦に使用した場合、そこから報復合戦がエスカレートしていき、しまいには大型爆弾発射への扉が開いてしまうということだ。

どんな国だって、最初から大型爆弾を使って戦争を始める気はないはずだ。しかし、小型爆弾なら？　それならありうる。小型爆弾に対して大型爆弾で報復するのは正当なことだろうか？　答えはイエスだ。

このようにして、小型爆弾が大型爆弾を使用する確率を高めたのだ。

小さなリスクは大きなリスクの代替とはならず、引き金となってしまった。

キューバ危機の際、キューバに配備されたソ連のミサイルは、ツァーリ・ボンバの四千分の一の威力しかなかった。しかし、ロバート・マクナマラ国防長官によると、もしソ連が一発でもミサイルを発射していたら、アメリカが核の力を総動員して報復していた可能性は「九九パーセント」だったという。

原爆の開発に貢献した物理学者のロバート・オッペンハイマーは、その破壊力から罪の意識に苛（さいな）まれ、リスクを減らすために核兵器の小型化を推進した。だが、それは間違いだったと、のちに彼は認めている。なぜなら、より大規模な核攻撃の可能性を高めてしまったからだ。

大きなリスクは、一つひとつが簡単に受け流されてしまうような小さな出来事の連鎖反応にすぎないため、かえって見過ごされやすい。だから、人々は大きな損害に遭う確率をいつも低く見積もる。

そのような過ちを、人間は何度も繰り返してきた。

「小さなミス」の積み重ねが、「大惨事」を生む

一九二九年に地球上に暮らしていた誰一人として、世界恐慌が起こるとは思っていなかった。もし一九二九年の段階で、株式市場が九〇パーセント近く下落し、失業率が二五パーセント上昇するだろうと警鐘を鳴らす人がいたら、笑い物になっていたに違いない。

人々は無関心だった。一九二〇年代後半、株式市場は過大評価され、不動産投機が行なわれ、農場は維持管理が難しくなっていた。それは明らかだった。記録もちゃんと残っているし、議論もなされた。だが、それがなんだ？　どれも一つひとつは大した問題ではない。

これらのことが同時に起こり、互いに火を焼べ合って初めて世界恐慌になったのだ。

株式市場が下落し、社長が貯蓄を失う。貯蓄を失った社長は、従業員を解雇する。解雇された従業員たちは住宅ローンを返済できなくなり、銀行が破綻する。銀行が潰れると、人々は貯金を失う。貯金を失った人々は、お金を使わなくなる。人々がお金を使わなくなると、企業が倒産する。企業が倒産すると、銀行が破綻する。銀行が破綻すれば、人々は貯金を失う——以下、永遠に繰り返される。

新型コロナウィルスのときも同じだ。

12 Chapter 塵も積もれば山となる

当初の衝撃は凄まじく、まさに青天の霹靂だった。

しかし、私たちは十億分の一の確率でしか起こらない、たった一つのリスクを引き当てたわけではない。今になって言えることだが、それは小さなリスクがいくつもぶつかり合い、一気に何倍にも膨れ上がったことで起こったのだ。

新種のウィルスが人間に感染し（昔からよくあることだ）、感染した人がほかの人と接触した（当たり前のことだ）。しばらくは何が起こっているか謎だった（それも理解できる）。そして、悪いニュースが隠蔽された（よくないことだが、よくあることだ）。いくつかの国はウィルスを封じ込められると高を括り（よくある否定）、迅速に行動しなかった（お役所仕事）。人々はなんの準備もしておらず（超楽観主義）、有無を言わせぬロックダウンに応じるしかなかった（パニックから、そうするほかなかった）。

どれも、それ自体は驚きでもなんでもない。ただ、これらがかけ合わさったことで大惨事に発展したのだ。

一九七七年に、スペイン領カナリア諸島のテネリフェ空港（現テネリフェ・ノルテ空港）で起こった大惨事は、史上最悪の航空機事故である。原因は、一機のジャンボジェットがまだ滑走路にいるあいだに、もう一機が離陸態勢に入ったことだ。

信じられないミスだった。二機のボーイング７４７は衝突し、スペインのテネリフェ島の滑走路上で五百八十三人が死亡した。

事故後、当局はなぜこのような大惨事が起こりえたのかと考えた。これに対し、ある事後調査が見事な説明をしている。

衝突事故が発生するにあたって、「それぞれは取るに足りない十一個の偶然とミスが……パズルのピースのようにばっちりとはまってしまった」。

いくつもの些細なミスが積み重なって、大きなミスになったのだ。

世の中は十年に一度くらいの割合でおかしくなると、心に留めておいたほうがいい。なぜなら、歴史的に見てそうだからだ。世の中がおかしくなる確率など低いように感じられるので、そんなことが繰り返し起こるはずがないと思いがちだ。しかし、何度も何度も起こっている。というのも、実際のところ大惨事は、高確率で起こる小さな出来事が重なって起こっているにすぎないからだ。

このことは直感では理解しにくいので、人はいつも大きなリスクを見逃してしまう。

そしてもちろん、逆の方向にも同じことは起こる。

「進化」と「指数関数」——〝並外れた結果〟はこうして生まれる

この宇宙で最も驚くべき力は明らかだ。それは**進化**である。単細胞生物から、一テラバイトのストレージを持つiPadでこの本を読むことができる人間を誕生させたのも進化だ。一・〇の視力、空を飛ぶ鳥、免疫システムを生み出したのも進化だ。

科学において、進化が成し遂げてきたこと以上にあっと驚くものはない。

生物学者のレスリー・オーゲルはよくこう言っていた。

「進化は、人間よりも賢い」

なぜなら、「そんな進化が起こるわけがない」と人が言うとき、たいていはその人の想像力が追いついていないだけだからだ。

また進化は、ちょっとした数字のからくりによって過小評価されがちだ。

進化の驚くべき力は、種にとって有利な遺伝形質を選んで変化していくことだけではない。進化におけるこの部分はとても退屈な過程であり、そこにばかり注目していると、進化が起こっているのかと半信半疑になり、わけがわからなくなるだろう。ほとんどの種は何千年もかけて変化する。それは、誰にも気づかれないほど些細な変化だ。

進化の本当のすごさは、三十八億年のあいだ、遺伝形質を選択しつづけていることだ。いくつもの微小な変化を三十八億年かけて積み重ねていくことで、魔法かと見紛うほどの結果が生まれる。

これこそが、進化から得られる本当の教訓だ。指数（数の右肩に記す、その累乗を示す数字）が大きければ、つまりかけ合わせる回数が多ければ、「並外れた変化」がなくとも「並外れた結果」を手にできる。これは直感ではわかりにくいが、とても強大な力だ。

物理学者のアルバート・バートレットはよくこう言っていた。

「人類の最大の欠点は、指数関数を理解できないことだ」

多くのことが指数関数的に動いているのに。

時間を味方につける「複利」のパワー

この指数関数を理解できないという人類の最大の欠点がよく目につくのが、投資においてだ。

投資家のハワード・マークスが、ある投資家についてこんな話をしたことがあった。その投資家は、年間成績では一度も同業者の上位二五パーセントに入ったことがなかった。

しかし、十四年にわたる実績で見てみると、上位四パーセントに入っていた。こうした少ないリターンを彼がさらに十年出しつづけられたら、上位一パーセントにも入れるかもしれない。一年単位では目立った成績をおさめなくても、同世代でトップレベルの投資家になれるのだ。

投資では、「今すぐ」、「今年中に」、「来年中に」できることにどうしても目が行く。「どうすれば最大のリターンを得られるか？」と、反射的に考えてしまうのも無理はない。

しかし、進化と同じで、その考え方では魔法は起こらない。

こつこつと積み重ねる複利の計算を理解できれば、**最も重要な問い**が「どうすれば最大のリターンを得られるか？」ではなく、**「できるだけ長く続けるために、どのくらいのリターンを得るのがちょうどいいのか？」**であることに気づくだろう。

小さな変化が長い時間をかけていくつも積み重なることで、とてつもなく大きな変化が生まれる。

それは、いつだって変わらない。

次章では、**過信の危険性**について見ていこう。

13

SAME AS EVER

意気揚々と絶望せよ

進歩には「楽観」と「悲観」の両方が必要だ。

「楽観」と「悲観」。どちらもコントロールが難しい。悲観は、楽観よりも知的に見えて、注目を集めやすい。悲観的にとらえることは、事前にリスクに備えることにつながるため、生きるうえで不可欠である。

とはいえ、楽観も同じくらい欠かせない。たとえ根拠が曖昧でも、物事はきっとよくなる、今以上によくなるだろうと信じることは、良好な人間関係の維持から長期投資まで、ありとあらゆることに欠かせない要素である。

ここで知っておいてほしいのは、**進歩には楽観と悲観の両方が必要**ということだ。

この二つは相反する考え方のように感じられるので、人はどちらか一方を選びがちだ。だが、楽観と悲観のバランスの取り方を知ることは、これまでも、そしてこれからも、人生でとても重要なスキルである。

ファイナンシャル・プランとして最良なのは、**悲観主義者のように貯蓄しながら、楽観主義者のように投資する**ことだ。人生のあらゆる面で、人はこのような考え方——これから先の道のりには挫折、失望、予想外の驚き、ショックがいくつも待っているという現実と、物事はきっとよくなると信じる気持ちとを調和させる——をして歴史を繰り返してきた。

悲観主義者のように計画し、楽観主義者のように夢を抱く

ベトナム戦争中に捕虜（ほりょ）となった人物でのちに最も出世したのは、二〇〇八年に共和党の大統領候補にもなったジョン・マケインだろう。しかし、当時、捕虜の中で最高位にあったのは、ジェームズ・ストックデール海軍中将だった。

捕虜だったとき、ストックデールは日常的に拷問（ごうもん）を受けつづけた。いっときは、自分から軍の機密情報が漏れるのを恐れ、自殺を図ったこともあった。

解放されてから数十年後、ストックデールはインタビューを受けた。捕虜収容所の暮らしがどれほどつらいものだったかと尋ねられ、彼はこう答えた。

「実のところ、ちっともつらくはなかった」

彼は、いつかはこの苦境に打ち勝てると、そして解放されて家族と再会できると信じて疑わなかったという。

なんて清々しいほどの楽観主義だろう。そう思わないだろうか？

実はそうでもない。

捕虜収容所でいちばんつらい思いをしたのは誰かと尋ねられ、ストックデールはこう答えている。

「答えは簡単だ。楽観主義者たちだよ」

「クリスマスまでには家に帰るんだ」と言いつづけていた捕虜たちは、クリスマスが来ては過ぎていくたびに精神が崩壊した。

「彼らは失意のうちに死んでいった」と、ストックデールは述べている。

彼曰く、バランスが大事なのだという。物事はきっとよくなるという揺るぎない信念も必要な一方で、たとえどんな残酷な現実でも受け入れなければならない。物事はいずれよくなるかもしれない。とはいえ、クリスマスまでに家に帰ることはできないのだ。

これがバランスだ。**悲観主義者のように計画し、楽観主義者のように夢を抱く。**

直感では理解しにくいが、この二つがうまく調和すれば強大な力になる。

絶望的な現実を受け入れつつも楽観主義を貫く姿は、見る者を魅了する。


アメリカを特徴づける考え方の一つである「アメリカン・ドリーム」というフレーズは、作家のジェームズ・トラスロー・アダムズが一九三一年の著書『アメリカの叙事詩(*The Epic of America*)』(未邦訳)で初めて使用した。

なんと興味深いタイミングだろう。一九三一年ほどアメリカ人の夢が打ち砕かれた年は想像できない。

「やるべきことに専念し、自分の才能を活かし、必要なスキルを磨く。そうすれば人は出世でき、家族の生活も向上する」とアダムズが書いていた頃、国の失業率は二五パーセントに迫り、貧富の差はアメリカ史上でも過去最大になっていた。

「あらゆる身分の人々が、よりよく、より豊かで、より幸せな生活を送るのがアメリカン・ドリーム」と彼が書いていた頃、世界恐慌が経済をズタズタにし、食料をめぐって各地で暴動が勃発していた。

「古い文明でゆっくりと築かれてきた障壁に妨げられることなく、男性も女性も最大限に成長できる」と彼が書いていた頃、学校では人種による隔離が行なわれ、一部の州では投票するのに識字テストを受けなければならなかった。

アメリカ史上、アメリカン・ドリームという考えが、ここまで胡散(うさん)くさく、人々が直面している現実とかけ離れているように見えたときはなかった。

にもかかわらず、アダムズの著書は大人気を博した。アメリカ史の暗黒時代に生まれた楽観的なフレーズは、瞬く間にアメリカの「座右の銘」となった。

一九三一年、アメリカ国民の四分の一が失業しても、アメリカン・ドリームという理念は損なわれなかった。たとえ株式市場が八九パーセント下落しても、各地でパンを求める行列ができても。

アメリカン・ドリームが人気を得たのは、状況があまりにも悲惨だったからかもしれない。アメリカン・ドリームを信じるのに、それを実際に見る必要はなかった。というのも、一九三一年当時、幸いにも見るべきものなど何もなかったのだから。ただアメリカン・ドリームはそれが起こりうると信じるだけでよかった。そうすれば、少し気分が晴れたのだ。

心理学者のローレン・アローイとリン・イボンヌ・エイブラムソンは、「抑うつリアリズム」という、私も大好きな理論を提唱した。抑うつの人ほど、人生がいかに危険で脆いものかを現実的にとらえているため、世の中をより正確に見ることができるという考え方だ。

抑うつリアリズムと対極をなすのが「知らぬが仏」だ。多くの人がこの状態に苛まれている。しかし、この状態にいる人が悩ましい思いをしているかというと、そうでもない。なぜなら、そのほうが気分よくいられるからだ。たとえ世の中が客観的に見てひどい状況だろうと、悲観論にあふれていようと、よい気分でいることは毎日起きて働くためのエネルギーになる。

自信家ビル・ゲイツでさえ、ここまで心配性

一九八四年、テレビ司会者のジェーン・ポーリーが当時二十八歳だったビル・ゲイツにイン

タビューを行なった。

「あなたを天才と呼ぶ人もいます。それに気後れすることもあると思いますが……」

ゲイツは無表情だった。なんの感情も示さず、返答もしなかった。

「そうですね。気後れはしませんよね」と、ポーリーは引きつった笑みを浮かべて言った。

またしても、ゲイツは反応なし。

もちろん、彼は天才だ。そのことは本人もわかっていた。

ゲイツは十九歳で大学を中退した。各家庭の各デスクにコンピュータが置かれるようになるべきと考え、そのために早く行動を起こしたかったからだ。自分の能力に自信がなければできないことだ。マイクロソフトの共同創業者のポール・アレンは、ゲイツと初めて会ったときのことを次のように書いている。


ビル・ゲイツについて、すぐに三つのことがわかった。まず、非常に頭が切れる。非常に負けん気が強くて、自分の賢さを人々にわからせたいと思っている。そして、とにかく、どこまでも辛抱強い。

しかし、ビル・ゲイツにはもう一つの側面があった。揺るぎない自信とは裏腹に、パラノイア（偏執病）といえるほどの心配性だったのだ。

ゲイツはマイクロソフトを立ち上げたその日から、収益がたとえ十二カ月間、途絶えたとしても、会社が存続できるだけの現金を常に銀行に入れておくことにこだわった。

一九九五年、彼はインタビュアーのチャーリー・ローズから、なぜそんなに多くの現金を手元に置いておくのかと質問された。これに対し、ゲイツは、テクノロジー業界の移り変わりは目まぐるしく、翌年のビジネスも保証されていないからだと、返答した。

「マイクロソフトも例外ではない」と。

二〇〇七年に、ゲイツはこう振り返っている。

いつも心配ばかりしていた。多くの社員は私よりも歳上で子どももいたから。「稼げなくなったらどうしよう。自分は彼らの給料を支払えるだろうか？」といつも考えていた。

ここでも、自信に満ちた楽観と、重々しい悲観とがうまく混じり合っている。おそらくゲイツは、短いスパンを乗り切るだけの悲観的な見方ができなければ、長期にわたって楽観的な見方はできないと理解していたのだろう。

ここで重要なのは、**楽観と悲観にはさまざまな度合いがある**ということだ。

一方の端には生粋の楽観主義者がいる。彼らは何もかも最高で、これからもずっと最高に違いないと考える。そして、ネガティブ思考を性格上の欠点とみなす。こうした考えの根底には自尊心がある。彼らは自分に自信がたっぷりあるから、うまくいかないことなど想像できない。もう一方の端には生粋の悲観主義者がいる。彼らは何もかも最悪で、これからもずっと最悪に違いないと考える。そして、ポジティブ思考を性格上の欠点とみなす。こうした考えの根底には自尊心がある。彼らは自分にほとんど自信がないから、うまくいくことなど想像できない。

両者は対極に位置し、どちらも同じように現実からかけ離れている。

極端な楽観主義と悲観主義、その両方ともが危険なことに変わりはない。にもかかわらず、楽観と悲観を白か黒かでとらえ、どちらか一方を選ばなければならないと思うと、片方だけが理にかなっているように見えてしまう。

いちばんよいのは、その中間だ。私は彼らを**「合理的楽観主義者」**と呼んでいる。彼らは、歴史とは困難や失望や挫折の連続であると理解しながらも、楽観的な見方をやめない。なぜなら、たとえ挫折しても、最終的には進歩につながると知っているからだ。まるで偽善者か日和見主義者のように聞こえるが、彼らはただ、ほかの人より先を見ているだけだ。

長期的な成長に必要な〝バランス感覚〟

金融、キャリア、人間関係、その他どんな分野においても、短期的な問題をうまく切り抜けたうえで、長期的、継続的に成長していけるかどうかが鍵となる。

悲観主義者のように貯蓄し、楽観主義者のように投資する。悲観主義者のように計画し、楽観主義者のように夢を抱く。

これらは相反するスキルに見えるかもしれない。実際そうだ。人は、楽観主義者か悲観主義者か、どちらか一方にしかなれないと直感的に思うものだ。しかし本当のところ、楽観したほうがよい時と場所もあれば、悲観したほうがよい時と場所もある。楽観と悲観は共存できるし、また共存すべきである。ただ、これを理解するのは難しい。だが、このことは、長期にわたり成功している事例のほぼすべてにおいて見られるのだ。

たとえば企業なら、楽観主義者のように大きなリスクを背負って新製品を開発しつつも、悲観主義者のように短期的な負債を恐れ、安全のために多額の現金を常に持っておこうと考える。

サラリーマンなら、簡単には儲け話に飛びつかない。なぜなら、長い目で見ればお金よりはるかに価値のある自分の評判を落としかねないからだ。

投資も同じだ。私は前著『サイコロジー・オブ・マネー 一生お金に困らない「富」のマインドセット』(児島修訳、ダイヤモンド社)で次のように書いた。

「大きなリターンを得ることよりも、経済的に破綻しないことを目指したい。破綻せずにやっていれば、いずれ最大のリターンを得られるだろう。なぜなら、長く継続しているうちに、やがて複利の力が驚くほど効果を発揮するからだ」

歴史から学べる大切なこと。それは、**長い目で見ればたいていはうまくいくが、目先のことだけ見ているとたいていはうまくいかない**ということだ。

悲観と楽観を両立させ、相反するように見えるスキルをうまくコントロールする方法を学ぶには努力が必要だ。これができない人は、悲観しすぎてひねくれるか、楽観しすぎて破綻するかのどちらかだ。

では、次へ進もう。今度は、直感的には理解しにくい別のテーマについて話そう。**完璧であろうとすればするほど、結果的にうまくいかなくなるのはなぜか**、だ。

14

SAME AS EVER

完璧主義者が失っていること

少し欠点があったほうが、
大きな強みになる。

人はチャンスをみすみす逃したいとは思わない。自分が取り組んでいるものに対して、できる限りの効率と完璧さを求めたくなるのが普通だ。そうするのが正しい行動に感じられるし、成功するチャンスも最大限に引き出せる気がする。

しかし、完璧主義には、とても見落とされやすい欠点がある。

「ほどほどに優れている」という強み

進化において重要なのは、すべての生物は死ぬということだ。九九パーセントの種が既に絶滅しており、残りの種もいずれは絶滅する。

あらゆることに常に適応できるような、完璧な種など存在しない。どんな種も、せいぜいいくつか得意とすることがある程度だ。しかし、あるとき突然、苦手とすることが大きな問題となって、やがて種は絶滅する。

一世紀前、イワン・シュマルハウゼンというロシアの生物学者が、この仕組みについて解説した。ある点にとても秀でるように進化した種は、別の点からダメージを受けやすくなるという。

ライオンは、体が大きくなれば、より多くの獲物を捕まえられるが、その半面、猟師からすれば大きな標的となってしまう。樹木は、背が高くなれば、より多くの日光を浴びることができるが、風のダメージを受けやすくなってしまう。必ずどこかしら非効率的な点があるものなのだ。

このように、種が何に対しても完璧になるように進化することはめったにない。なぜなら、ある能力を完璧にすると、結果として生存に不可欠な別の能力を犠牲にすることになるからだ。ライオンは、もっと大きくなれば、もっと多くの獲物を捕まえられるかもしれない。樹木は、もっと背が高くなれば、もっと日光を取り込めるかもしれない。しかし、そうはならない。それでは逆効果だからだ。

だから、どの種にも少しずつ欠点がある。

どんな種も、ほどほどに優れているものの、完全ではない遺伝形質を選択してきた。それこそが、自然が出した答えだ。

生物学者のアンソニー・ブラッドショーも述べているとおり、進化については成功ばかり注目されるが、失敗も同じくらい重要である。進化とはそういうものだ。この世の中では、ある能力を完璧にすると別の能力が損なわれる。**完璧でありすぎない状態が、実は最もバランスがよいのだ。**

進化は三十八億年を費やして、いくらか非効率な面があるほうがよいことを検証し、証明してきた。

私たちは、それが正しいと知っている。

ならば、その点にもっと注目すべきだろう。

「ちょっとした非効率」がもたらす素晴らしい結果

時間を無駄にしない効率的な生活をしようと努力している人は多い。しかし、見過ごされがちだが、**時間を無駄にしたほうが素晴らしい結果につながる場合もある。**

心理学者のエイモス・トベルスキーは、かつてこう述べた。

「よい研究をするには、常に正規雇用では働かないことだ。時間を無駄にできないせいで、何年も無駄にしてしまう」

成功している人ほど、スケジュールの空いた時間をあえて埋めずに特に何もしないと聞くと、非効率的だと思うかもしれない。だから、それを実践している人は多くない。

しかし、トベルスキーによれば、もしあなたがクリエイティブな仕事や難題について熟考するような仕事をしているなら、公園をぶらぶらしたり、ぼんやりとソファでくつろいだりしているときこそ、何よりも有意義な時間になりうるという。**ちょっとした非効率は素晴らしいことなのだ。**

私がこれまで仕事をともにしてきた人は、休暇から戻ってくると、みな口々に同じようなことを言った。

「考える時間ができて、気づいたんだが……」
「数日で頭がスッキリして、ひらめいたんだが……」
「休んでいるあいだに、すごいアイデアが浮かんで……」

皮肉なことに、仕事を離れて自由に思いをめぐらせているときに、いちばん重要な仕事が片づいたりするものだ。多くの仕事において考える時間が鍵になるにもかかわらず、多くの人は従来の就業スケジュールではその時間がうまく取れていないことに気づいておらず、一年におそらく一回くらいしか休暇を取らない。そこが問題だ。

すべての仕事がクリエイティブな発想や批判的思考を必要とするわけではない。だが、それらを必要とする仕事では、ぶらぶらしたり、興味のあることに時間を費やしたりするほうが、うまくいく。仕事上の大きな問題に取り組むには、仕事からいったん離れるほうが、実は役に立つのだ。

とはいえ、実際にそうするのは難しい。なぜなら、一日の勤務時間中、デスクに向かって八時間ずっと座っているのが当たり前という考えが社会に定着しているからだ。

上司に、創造性と生産性を上げるコツを見つけたと言ってみるといい。きっと上司は、「何がしたいの？」と訊いてくるだろう。そこで、日中に九十分ほど散歩に行きたいと言ってみよう。「だめだ、働きなさい」と却下されるに違いない。要するに、多くの会社員は大して考える時間もないのに、「考える仕事」をしているのだ。

『ニューヨーク・タイムズ』紙は、元国務長官のジョージ・シュルツについて、かつて次のように書いた。

彼（ジョージ・シュルツ）にとって一人の時間を作ることとは、全体的な国家戦略について考える時間を確保するための唯一の方法だった。そうでもしなければ、そのときどきの問題を解決するための方法にかかりきりになり、国益という大きな問題に集中できなかったのだ。

アルベルト・アインシュタインはこう述べた。

自分の頭の中の状態を聴いてあげられるように、浜辺をゆっくり散歩する時間を取っているんだ。仕事がうまくいかないときは、作業中に横になって天井を眺めながら、自分の想像の声に耳を傾けて、イメージを視覚化する。

モーツァルトも同じように感じていた。

馬車で移動しているとき、美味しいものを食べたあと歩いているとき、あるいは夜眠れずに歩いているとき。そのようなときにこそ、素晴らしいアイデアが最も豊かに湧きでてくる。

これは、歩くことで創造性が六〇パーセント高まるというスタンフォード大学の研究結果とも合致する。

かつてウォーレン・バフェットの成功の秘訣について質問を受けた、バークシャー・ハサウェイ元副会長のチャーリー・マンガーはこう答えた。

「一日の半分は、座って本を読む時間に費やしているんじゃないかな」

バフェットには考える時間が山ほどあるというわけだ。

従来の八時間労働は、反復的な仕事や肉体労働にはとても適している。しかし、近年増えつづけている「考える仕事」には向かないかもしれない。

むしろ、午前中の二時間を自宅で過ごし、大きな問題について考えるほうがいいだろう。あるいは、昼時に長時間の散歩に出て、うまくいかない理由をじっくり考えてみてもいい。または、午後三時には退社して、残りの時間を新しい戦略の構想に充(あ)ててもいい。

働かないという意味では決してない。むしろ、その逆だ。考える仕事の多くは、基本的に終わりがない。熟考したり好奇心を働かせたりするための時間を作らなければ、デスクに向かって作業をこなす時間の効率が落ちてしまう。これは、常に忙しくしていることを尊いと感じ、人から忙しそうだと思われたい「張り切り屋(ハッスル・ポルノ)」とは真逆の考え方だ。

作家で不確実性についての研究者であるナシーム・タレブはこう述べている。

「私にとって成功の唯一の尺度は、どれだけ暇をもてあそぶかだ」

成功の尺度どころか、これは重要な要因だと思う。世界で最も効率的なスケジュール——一分一秒、生産性を上げることだけに注力する——を組もうと思ったら、好奇心に任せて歩いたり、中断されることなく考えたりする時間を犠牲にしなければならない。だが、そういう時間こそ、結局のところ成功に最も貢献するのだ。

完璧になろうとするほど、概して弱くなる

オペレーションにある程度の余裕を組み込む企業も、非効率性をうまく活用しているといえる。

ジャスト・イン・タイム生産方式——企業が製品の製造に必要な部品の在庫を持たずに、出荷直前に間に合わせるシステム——は、過去二十年間にわたり効率的なオペレーションの典型とされてきた。しかし、新型コロナウィルスが猛威を振るい、サプライチェーン（製品の原材料・部品の調達から販売に至るまでの一連の流れ）が崩壊すると、ほぼすべてのメーカーで必要なものがどうにもならないほど不足した。

皮肉なものだ。二〇二二年、史上最大級の個人消費ブームが巻き起こった時期に、自動車企業は半導体、ブレーキ、塗料などが不足したために工場の閉鎖を余儀なくされた。彼らにエラーを起こす余地はなかったのだ。

ジャスト・イン・タイム生産方式の企業の行き着く先は、エラーを起こす余地もないほどの効率化だった。それが見事に裏目に出てしまった。サプライチェーン全体に非効率的な部分を少しずつ残しておくくらいがちょうどよかったのだ。

エラーが起こってもよい余地を持たせることは、経費の無駄、負担、非効率的などと考えら

れがちだ。しかし、長い目で見れば、それこそが最高の利益につながることもあるのだ。

投資も同じだ。現金は、上げ相場では非効率的な足枷（あしかせ）となり、下げ相場では酸素と同じくらいの価値を持つ。レバレッジは、資産を最大化する最も効率的な方法だが、すべてを失う最も簡単な方法でもある。特定の銘柄だけにまとまった額を投資する「集中投資」は、リターンを最大化するにはもってこいだが、収益を上げられる企業の株を所有する確率を高めるには、投資対象を多様化させる「分散投資」のほうがいい。

自分に素直になれば、少し非効率的なくらいが最適なのがわかるだろう。

分析でも同じだ。投資では、「厳密に間違うくらいなら、おおむね正しいほうがましだ」とよく言われる。それなのに、投資業界はなんのために知的努力を続けるのか?

結局、投資家たちは正確さを追い求めている。人々にチャンスを逃していないから安心だと信じ込ませるほどの、小数点レベルの正確さを。

だが、ほとんどの場合、彼らは分析の間違いを許容できる余地を失い、追い詰められていくだけだ。

もちろん、長い目で見て未来に投資するのは素晴らしいことだ。なぜなら、将来、経済活動の生産性が高まり、株価が高値になる可能性は非常に高いからだ。ただし、そこにたどり着くまでの道のりを正確に予測しようとすると、多くの資産を無駄にしかねない。

私は、予測するときは**「ほどほど」**を心がけている。

いずれ人々が問題を解決し、生産性を向上させるのは間違いないだろう。

いずれ市場が、その生産性から得られた収益を投資家に還元するのは間違いないだろう。人は過信する。だから、その過程でミスや事故が起きたり、好不況の波があるのは間違いないだろう。

細かい予測ではないが、これで充分なのだ。

このくらいシンプルな予測にとどめておけば、ほかのことをする時間と余裕ができる。私の場合、決して変わることのない人間の投資行動について研究するのが好きだが、もし次の四半期の経済動向を予測するのに一日中費やしていたら、研究する時間などなくなってしまう。

これはほぼすべての分野で同じことがいえる。正確であろうとすればするほど、もっと重要なはずの全体の法則に集中する時間が削られていく。予測などできないと言っているわけではない。予測をほどほどにしておけば、時間と資産を別のところにより効率的に回せるのだと知ることが大事なのだ。

進化と同じで、**人は完璧になろうとすればするほど、概して弱くなる**と理解しよう。

次は、私が知る中でも、とりわけ狂気じみた話を紹介しつつ、見過ごされやすいもう一つのリスク、つまり、**近道の欠点**について見ていこう。

15

SAME AS EVER

成功には
コストがかかる

追い求める価値のあるものには必ず
多少の痛みが伴う。
コツは痛みを気にしないこと。

近道とはいかに魅力的で危険なものか、いくつか例を紹介しよう。

ドナー隊のエピソードほど、顔をしかめたくなる話はあまりない。

一八四六年、ドナー一家率いる総勢八十七名が、イリノイ州スプリングフィールドを出発し、西のカリフォルニアを目指した。当時カリフォルニアは「世界の果て」だが、富と新たなスタートが約束された地だと考えられていた。

何カ月も要する厳しい旅だった。終始、危険がつきまとい、ネイティブ・アメリカンからの攻撃や、病気、悪天候などの脅威にさらされた。

出発して数カ月、まだ旅半ばだったが、ドナー隊は既に疲れ果てていた。そんな折、ランスフォード・ヘイスティングズという名のオハイオ州出身の探検家から助言を受けた。現在のアイダホ州南部を通過するよく知られた従来の道を迂回(うかい)して、現在のユタ州を通っていけば旅程を三、四日は短縮できるはずだという。

しかし、ヘイスティングズの助言は間違いだらけだった。その「近道」は、従来のルートよりもはるかに長く、険しかった。真夏に灼熱のグレートソルトレイク砂漠を通らなければならなくなり、一行は水不足に苦しんだうえ、荷を牽(ひ)く牡牛をほとんど失った。そして何よりも、旅程が一カ月も延びてしまった。

この遅れが、致命的な打撃となった。

ドナー隊は、当初予定していた晩秋ではなく、真冬にタホ湖近くのシエラネバダ山脈を越えることになってしまった。一八四七年の冬、この一帯は、観測史上でも類を見ないほどの悪天候に見舞われた。ドナー隊は、三〜六メートルの高さまで積もった雪の吹き溜まりの中を通り抜けることになった。だが、残り八十一名のうち、十八歳に満たない子どもが半数以上を占める一行にとって、それはほぼ不可能だった。彼らはいったん居(きょ)をかまえ、最善を尽くして冬が去るのを待つことにした。やがて飢餓に陥り、メンバーは次々と死んでいった。

そして、ドナー隊の中でまだ生き残っていた人たちは、後世に名を残すきっかけとなった、ある行為に手を染めた。カニバリズム（人肉食）だ。

死者の肉は切り分けられると、生存者たちが自分の家族を食べることにならないよう入念にラベルが貼られた。この苦難の最中にあった当時、まだ四歳だったジョージア・ドナーは、奇妙な肉片を食べさせられたときのことを、あとからこう振り返っている。

「父は泣いていて、ずっと私たちのほうを見ませんでした……ほかに食べるものがなかったのです」

こんなことになったのも、**近道の誘惑**に負けたからだ。

「欲しいものを手に入れる」ための黄金律とは？

映画『アラビアのロレンス』にこんなシーンがある。ロレンスが、まったく怯むことなく指でマッチの火を消す。それを見ていた別の男が同じことをしようとして、痛みに悲鳴を上げる。

「痛いっ！　なんかコツがあるのか？」

男は尋ねる。

「コツは痛みを気にしないことさ」

ロレンスは答える。

これは、とても役立つ人生のスキルだ。コツや近道があると思わずに、必要なときは痛みに耐える、ということだ。

以前、勤めていた会社の同僚が、ソーシャルメディア・コンサルタントを雇ったことがある。三時間のセッションで、ハッシュタグのつけ方、ツイッターに投稿すべき時間帯、投稿をスレッド化してエンゲージメント率【訳注：投稿に反応したユーザーの割合】を高める方法、その他たくさんのソーシャルメディアに関するコツを教えてもらったという。

そのコンサルタントは優秀だった。ただ、ソーシャルメディア運用でいちばん効果のあるコツについては一言も触れなかった。つまり、人々が読みたいと思うような、よい内容を書くことについて、だ。

なぜなら、それはコツでもなんでもないからだ。よい内容を書くのは大変だ。時間と発想力を要する。捏造(ねつぞう)はできない。よい内容が書ければ、成功率はほぼ一〇〇パーセントだ。だが、よい内容を書くのは、激しいトレーニングと同じくらい大変なことなのだ。

ダイエット、金融、マーケティングなどにも同じことがいえる。誰もが近道を知りたがる。いつだってそうだったが、テクノロジーによって結果を出すスピードがますます求められるにつれ、その傾向がますます強まっている気がする。

コツは確かに魅力的だ。なぜなら、努力せずに目標に到達できる道のように見えるからだ。しかし、現実の世界に、そんなものはほとんど存在しない。

投資家チャーリー・マンガーは、かつてこう指摘した。

「欲しいものを手に入れようとするときに最も無難な方法は、欲しいものに見合うだけの努力をすることだ。とてもシンプルな考え方だが、これぞ黄金律だ。受け取る立場として欲しいと思うものを、世に差しだすのだ」

一九九〇年、コメディアンのデイヴィッド・レターマンは、友人のジェリー・サインフェルドに、新しく始まったシチュエーション・コメディはうまくいっているかと尋ねた。

ジェリーは、嫌な問題が一つあると答えた。NBC放送がコメディの脚本家チームを用意してくれているのだが、あまりよいネタが挙がってこないのだという。

「よいものが出来上がってくるほうがおかしいと思わないかい?」

デイヴィッドは尋ねた。

「どういう意味だ?」

ジェリーは訊き返した。

「もし彼らが毎日毎日、爆笑ネタを大量に生み出せるとしたら、それこそ不思議じゃないか?」

ここまでの会話を思い返し、ジェリーは笑いながらデイヴィッドに言った。

「そりゃ大変だ」


そう、大変なのだ。ジェリー・サインフェルドや、バスケット選手のマイケル・ジョーダン、テニス選手のセリーナ・ウィリアムズがここまで有名なのは、それぞれの分野でそれをやってのけた唯一無二の人たちだからだ。彼らの偉業の陰には想像を絶する努力があり、だからこそ私たちは彼らを称賛するのだ。

「追い求める価値」のあるものに無料で手に入るものはない

『ハーバード・ビジネス・レビュー』誌は、ジェリー・サインフェルドが番組を打ち切った理由の一つとして、脚本家が燃え尽きてしまったからではないかと指摘した。もし彼と共同制作者のラリー・デヴィッドが、マッキンゼーのようなコンサルティング会社を利用して、もっと効率のよい執筆プロセスを構築していれば、燃え尽きることなく番組を続けられたのではないかと、同誌はジェリーに質問を投げかけている。

「マッキンゼーって面白いのかい？」

ジェリーは訊き返した。

「いえ」

「なら、必要ない。効率よくできているときって、間違ったやり方をしているときなんだ。正しいのは険しい道だ。番組が成功したのは、私が一つひとつ細かく管理したからだ。セリフの単語一つ、言い回し一つ、テイク一つ、編集一つ、キャスティング一つに至るまで全部ね」

効率よくできているときは、間違ったやり方をしているとき。

なんとも常識では理解しにくいことだが、近道の危険性を見事に浮き彫りにしていると思う。

ここには、**成功にかかるコストを理解する大切さ**も込められている。

アマゾンの創業者ジェフ・ベゾスは、自分の仕事を好きになるとは実際にはどういうことか、かつて次のように語った。

労働時間の半分でも楽しむことができれば御の字だ。そこまでだって、たどり着ける人はほとんどいない。

なぜなら、なんにしてもコストはかかるからだ。それが現実だ。どんなものにも嫌な部分はある。

最高裁判所の判事になれたとしても、あいかわらず嫌な仕事はある。大学教授になれたとしても、やはり委員会には出席しなければならない。どんな仕事にも嫌な部分はある。

そんなときに、こう言えなければならない。

「それも仕事の一環だ」

いいいいいい、

それも仕事の一環だ。

どんなものにも嫌な部分はある。ベゾスのアドバイスは、キャリア以外のたくさんのことにも当てはまる。

この世界には、明白なのに見過ごされやすい単純な法則がある。それは、**「追い求める価値**

のあるものに無料で手に入るものなんてない」ということだ。無料などありえない。すべてのものには値段がついている。その値段は、得られるはずの見返りに比例するのが普通だ。

とはいえ、そこに値札がついていることはめったになく、その代金を現金で支払うわけではない。追い求める価値のあるものの大半は、ストレスがかかる、どうなるかわからない、変わった人ともつき合わなければならない、手続きが煩雑(はんざつ)、他人とやる気の面で衝突する、面倒くさい、話にならない、時間がかかる、疑念が絶えないなどの形で、代金を請求してくる。これが成功するためのコストだ。

多くのものは、それだけの代金を支払う価値がある。同時に、それは絶対に支払わなければならない値段だと理解しよう。クーポンやバーゲンセールはほとんどないのだ。

人生に「理不尽」「厄介事」はつきもの

人生で見落とされがちなのは、ある程度の非効率性は避けられないどころか、あって然(しか)るべきであるということだ。

スティーヴン・プレスフィールドは、三十年ものあいだ執筆活動を続けて、ようやく初めての小説『バガー・ヴァンスの伝説』(阿尾正子訳、早川書房)を出版した。そこに至るまでの彼のキャリアは散々だった。いっときは、家賃を安く抑えるためにハーフウェイハウス【訳注：精神障害者などが社会復帰に向けて訓練を行なう施設】に住んでいたほどだ。

彼は、そこで暮らしている人々のことを、それまで出会った中で最高に面白く興味の尽きない人たちだったと述べている。彼らは常軌を逸しているわけではないと、プレスフィールドはすぐに気づいた。むしろ、彼らは「〝でたらめ〟に騙されない、きわめて頭の切れる人たち」だった。だからこそ、「世の中でうまく生きていけなかった」のだ。

「彼らが仕事につけなかったのは、ただ、でたらめなことを受け入れられなかったからだ」とプレスフィールドは言う。こうした人々を、周りに馴染めないという理由で社会不適合者と世間はみなす。だが、プレスフィールドに言わせれば、彼らは他人の戯れ言に我慢ならないだけの天才なのだ。

この話は、私が長らく信じてきたことを再認識させてくれる。

非効率性――プレスフィールドの言葉を借りるなら「でたらめ」――が至るところにあると理解できたら、次に考えるべきは「どうすれば、そのすべてを避けられるか？」ではなく、**「支離滅裂で不完全な世界でも生きていくために、どのくらい我慢するのが適切か？」**だ。

あなたの許容度がゼロの場合、つまり、意見の違い、やる気の差、気持ちのズレ、非効率性、

15 Chapter 成功にはコストがかかる

コミュニケーションのすれ違いなどにまったく我慢がならない場合、他人と協力しなければならない事柄で成功する可能性はゼロに近い。プレスフィールドの言うとおり、この世の中では生きていけない。

かといって反対に、理不尽や厄介事をすべて許容するのも、やはりよくない。世の中に利用されるだけだ。

なかなか気づかないものだが、悪いことを排除しようとすると、余計に問題が大きくなる場合がある。成功している人々は、おそらくある程度の許容が完璧な正義に勝ると心得ている。

万引きがよい例だ。たとえば、食料品店で店を出る客全員に身体検査をすれば、万引きをなくすことができるだろう。しかし、そんなことをすれば誰も買い物に来なくなる。つまり、万引きをゼロにするのは決して適切ではないということだ。成長するために避けられないコストとして、ある程度のことは許容する必要があるのだ。

非効率性も、形はなんであれ、それと似ている。

自分が出世するために理不尽や厄介事をどのくらい我慢すればよいかを見きわめるスキルは過小評価されがちだが、きわめて重要なスキルだ。

世界一の権力を手にしたフランクリン・ルーズベルトだが、彼の両脚は麻痺によって動かなかった。そのため、側近にトイレまで運んでもらわなければならないこともしばしばだった。ルーズベルトは、かつてこう述べた。

「自分の両脚が動かないとしよう。それでオレンジジュースが飲みたいときに牛乳を持ってこられても、〝かまわないよ〟と言って牛乳を飲むことを学びなさい」

業界やキャリアが違っても、現実に起こりうる厄介事を受け入れることには普遍的な価値がある。

株の乱高下。最悪な日。社内政治。気難しい性格。官僚主義。どれも勘弁してほしい。しかし、何かを成し遂げたいのなら、どれもある程度は我慢しなければならない。

「痛みが伴うところ」に利益がある

多くの経営者は、理不尽なことを許さない。それが気高い態度だと思っている。**「私は完璧を求めている」**と、彼らは言う。

だが、それは現実的ではない。彼らの大半は、いずれどこかで失敗するだろう。

何かを作り上げるには忍耐が必要だ。だから、理不尽なときを耐え忍ぶのは無駄ではない。

必要な厄介事を受け入れているのだ。

ビジネスでも一緒だ。友人のブレント曰く、会社を経営するのは、顔を殴られながら困難に耐えているようなものだという。

「何もかもうまくいかないなんて、しょっちゅうさ。気も変になる。そこらじゅう混乱だらけだ」

また、ブレントは会社経営をこんなふうに日々の戦いにたとえている。

「毎朝起きて、ナイフを握りしめ、困難と戦い、無事に生きて家路につけることを祈っている」

だが、こうした厄介事に向き合うから、会社は利益を上げることができるのだ。

「痛みが伴うところに利益がある」と、彼はよく部下に言って聞かせている。

ある程度の厄介事は許容すべき、いや、むしろ歓迎すべきなのだ。

もう一つ利点がある。ある程度の厄介事を受け入れるようになると、その存在を否定しなくなり、おかげで、世の中の仕組みがよりはっきりと見えてくるのだ。

あるCEO――彼はその地位を自らひけらかすような人物だった――と一緒に飛行機に乗ったことがあった。二度にわたり搭乗ゲートの変更を余儀なくされたあと、彼は激怒した。

私は不思議に思った。自分でコントロールしようもない些細な煩わしさに目をつぶる能力もないまま、どうやってここまで生きてきたのだろう？　おそらく、自分ではコントロールできていないという事実を否定して、代わりに部下たちにありえないほど完璧にやらせようとしてきたのではないか。一方の部下たちは、都合の悪いことを隠して、なんとかやり過ごしてきたのだろう。

たいていの物事で鉄則となるのは、その値段を見きわめ、喜んで支払うということだ。値段とは、すなわち、ある程度の厄介事を我慢することである。

次章では、つらい真実をお伝えしよう。**競争で優位に立つよりも難しいのは、それを維持することだ。**

16

SAME
AS
EVER

「優位性」はあっけなく陳腐化する

走りつづけろ。
優位な立場は、いずれ失われる。

進化が最も得意とするところの一つに、長い時間をかけて動物の体を大きくすることがある。十九世紀、エドワード・ドリンカー・コープという古生物学者がいた。のちに「コープのルール」——法則と呼べるほど普遍的とはいえない——と呼ばれた彼の研究は、何千という種の系統を追跡し、**動物には進化するにつれて大きくなる傾向が顕著に見られる**ことを明らかにした。

馬は、小型犬ほどのサイズから現代の体高まで大きくなった。せいぜい二・五センチほどだった蛇は、ボア【訳注：ボア科のヘビ。大型で九メートルになる種もある】のように数メートルまで大きくなった。恐竜は、八センチほどのトカゲから数十メートルのブロントサウルスになった。そして人類は、大人の平均身長が百二十センチに満たなかった数百万年前の祖先から現代の姿まで大きくなった。

これは驚きでもなんでもない。大きな種ほど獲物を捕まえやすく、長い距離を移動でき、より大きな脳を支えることができるのだから。

むしろ疑問なのは、なぜ進化はすべての種を巨大化しなかったのか、だ。

サンタフェ研究所のアーロン・クローゼットと国立自然史博物館のダグラス・アーウィンという二人の科学者が、ある論文でその理由を見事な一文にまとめている。

「**進化がより大きな種を生み出す傾向と、より大きな種のほうが絶滅しやすい傾向とが拮抗（きっこう）し**

ている」

生物学における体の大きさは、投資におけるレバレッジに似ている。利益を倍増させる一方で、損失も増幅させる。しばらくはうまく機能するものの、やがて見事に裏目に出る。そうなると、利益はほどほどなのに、損失がもはや致命的な状態になってしまう。

怪我を例に見てみよう。大きな動物は怪我を負いやすい。アリは、自分の体高の一万五千倍の高さから落ちても無傷で歩ける。ネズミは、五十倍の高さから落ちれば骨折する。人間は、十倍の高さから落ちれば死ぬ。象は、二倍の高さから落ちただけで、水風船のように破裂する。また、大きな動物は一体あたり多くの土地を必要とするため、土地が不足すると危機的状況に陥る。小動物に比べて単位重量あたりの食料が多く必要になるため、飢饉（ききん）になればゲームオーバーだ。

体が大きいと隠れにくい。動きも緩慢になる。繁殖も遅い。食物連鎖の頂点にいれば、それ以上何かに適応する必要もないが、これは、いざ適応しなければならなくなったときに弱点となる。最も支配的な生物は大きくなる傾向にあるが、最も息の長い生物は小さくなる傾向にある。T・レックス＜ゴキブリ＜バクテリアなのだ。

ここで驚くのは、進化は大きくなれと促すくせに、大きくなったら罰を加えることだ。

これは、人生の多くの場面で起こることを暗に示している。つまり、**競争の優位性は長くは続かない**ということだ。

アメリカで最も名高い企業の一つだった小売業シアーズで、これがどのように起こったか見てみよう。

成功には「引きずり下ろそうとする力」が働く

優位な立場を得るより難しいことが一つだけある。それは、優位性を手に入れたあとにそれを失わないことだ。

もしあなたが映画の脚本家で、他(た)の追随を許さない架空の最強企業を考えねばならないとしたら、おそらく一九七〇年代のシアーズのような会社を思い浮かべるのではないだろうか。

当時、シアーズは世界最大の小売企業だった。世界一高いビルにオフィスをかまえ、最大規模の従業員を雇っていた。

『ニューヨーク・タイムズ』紙は、一九八三年にシアーズについてこう書いている。

「この店に来て正解だったと、あえて言葉にする必要もない。マーチャンダイジングの権化の風格は完璧で、ほかと混同しようもない」

小売業にとても長けていたシアーズは、一九七〇年代から八〇年代にかけて、金融など別の分野にも進出し、オールステート保険、クレジットカード会社のディスカバー、株仲介業のディーン・ウィッター、不動産仲介業のコールドウエルバンカーを所有した。

当時のシアーズは、さまざまな点で現在のアマゾンのような存在だった。小売効率で圧倒的優位に立った勢いで、その魔法を関係のない業界にまで広げ、ライバル企業を次々と恐怖に陥れた。一九七四年、『タイムズ』紙は次のように書いている。

メリルリンチ会長のドナルド・T・リーガンは……昨日、メリルリンチがゆくゆくはシアーズ・ローバック【訳注：シアーズの社名】の投資ビジネス版になるとの見解を示した……「消費者にかかる経費を抑えるために、できる限り効率を上げなければならない。それがシアーズが成功した秘訣であり、我々も心にとどめておかなければならないルールである」とリーガン氏は語った。

その後、すべてが粉々に砕け散った。

所得格差の拡大によって、消費者が格安品か高級品のどちらかに二極化していく中、シアーズは縮小する中価格帯に取り残された。やがて、ウォルマートやターゲットといった、野心的な新興小売企業との競争が激化した。

二〇〇〇年代後半になる頃には、シアーズはかつての面影を失っていた。当時、地元のシアーズの看板に書かれた「営業中」の文字が、すっかり離れていった客をなんとか呼び込もうとしているかのように私には見えた。

シアーズが競争での優位性を失った経緯はとても興味深いものの、別に珍しい話ではない。ある意味それは、ひとたび優位に立った企業の既定路線だ。

株式公開は、会社が大企業に成長するに足る競争力を手にした証(あかし)である。しかし、一九八〇年から二〇一四年までのあいだに、全上場企業の四〇パーセント近くが株価を下げた。フォーチュン500【訳注：『フォーチュン』誌が年に一回発表するアメリカ上位五百社のリスト】の上位十社にランクインしながらも、ゼネラル・モーターズ、クライスラー、コダック、そしてシアーズなど破産した企業もあれば、ゼネラル・エレクトリック、タイム・ワーナー、ＡＩＧ、モトローラなど、もはや昔の面影を失ってしまった企業もある。

国も似たような運命をたどる。世界の科学的・経済的進歩は、これまでにアジア、ヨーロッパ、中東と、その優位性が移り変わってきた。

かつて力を持ったものが優位性を失うたびに、人はその指導者の過ちを嘲笑したくなるものだ。だが、ここで見過ごされやすいのは、**ひとたび優位に立つと、優位に立っているがゆえに、そこから引きずり下ろそうとする力がたくさん働く**ということだ。成功には重力がある。石油王のT・ブーン・ピケンズは、かつてこう述べた。

「猿が木に高く登れば登るほど、尻がよく見える（地位が上がれば上がるほど、欠点や弱点が目につくようになる）」

「勢力衰退」への種を蒔く五つの傾向

ここで、**競争の優位性を奪う五つの傾向**を紹介しよう。

一つ目に、ずっと正しい立場にいると、**自分が正しくないわけがないと過信する**ようになる。これは致命的だ。なぜなら、抜きんでた成功をおさめた者は、その背中に撃たれる的を背負ってライバルを従えているようなものだからだ。ビジネスでは、規模の拡大は成功につながり、成功は過信につながり、過信は失敗の始まりとなる。

二つ目に、成功はたいてい成長をもたらすものだが、組織が大きくなると、小さかったときとは事情が異なってくる。**ある規模では成功につながった戦略も、別の規模ではうまくいかなくなる**ことがあるのだ。

十年のあいだにスターになった投資ファンドマネジャーが、次の十年で業績不振に陥ることは歴史上よくある。中には運が尽きただけの場合もある。しかし、成功すると資金もより集まってくる。規模の大きな投資ファンドは小さなファンドほど機敏に動けなくなる。このキャリア版が「ピーターの法則」だ。有能な社員は昇進する。昇進を続けるうちに、自分の能力では手に負えなくなる地位まで上り詰めてしまい、失敗する。

三つ目に、人は優位に立ちたくて懸命に働くが、皮肉なことに、その目的は将来的にそこまで懸命に働かなくてもすむようにしたいからである。努力は目標を追い求めるためにするものであり、その**目標が達成されれば、当然のように気が緩み、不安もなくなる**。すると、ライバルや世の中の変化が、気づかぬうちに忍び寄ってくるのだ。

四つ目に、**ある時代には価値のあるスキルも、次の時代には通用しなくなる**かもしれない。それでも、これまでと同じように不安に駆られながら頑張ることもできるが、世間がそのスキルをもはや評価しないのであれば、虚しいだけだ。一つの芸当しかできない人は多い。なぜなら、人も企業も、ある一つのことに特化していたほうが、ブームのあいだに高い報酬を得やすいからだ。

五つ目に、適切なときに適切な場所にいたおかげで成功できたという場合もある。**実は幸運なだけだったという現実**は、あとから振り返って初めてわかることも多い。そうなるとプライドが傷つくし、できれば信じたくない。

優位な立場には賞味期限があると考えるのは、成長の基本である。もちろん、すべての優位性がシアーズのように悲劇的な終わり方をするわけではない。たとえばイギリスは、十九世紀に手にした経済的・軍事的覇権を失ったものの、二十世紀も依然として非常に暮らしやすい国でありつづけた。

とはいえ、やはり競争での優位性は長続きしない傾向にある。というのも、**成功はしばしば自ら衰退の種を蒔く**からだ。

「生存競争」に決して終わりはない

リー・ヴァン・ヴェーレンは、一風変わった風貌（ふうぼう）をした進化生物学者だった。彼が提唱した理論はあまりに荒唐無稽（こうとうむけい）とされ、どの学術雑誌からも掲載を断られた。そこでヴァン・ヴェーレンは自らジャーナルを創刊し、論文を発表した。最終的にその理論は定説となった。

「このような直感では理解しがたいものの、結局は真実を言い当てている考え」は、最も見過ごされやすい。だから、何より注意を払う価値がある。
何十年にもわたり、科学者たちは長く生存してきた種ほど、今後も生き延びる可能性が高くなると考えてきた。なぜなら、それだけ長く生き残ってきたということは、耐え忍ぶ強さを持っている証拠だからだ。長寿はそれまでの勲章であると同時に、これからを予測するものとみなされてきた。

一九七〇年代初め、ヴァン・ヴェーレンは「長く生存してきた種ほど、今後も生き延びる可能性が高い」ことを証明しようとした。しかし、できなかった。データがどうにも合わなかったのだ。

彼は、進化とは容赦のない苛烈(かれつ)なものであり、その中を長く生き延びられた種は、ただ運がよかっただけではないかと思いはじめた。そう考えたほうがデータとの整合性も取れる。

ニッチ（固有の生態的地位）を見出した新種は弱いだろうから、たとえば一〇パーセントくらいの確率で絶滅しそうだと、人は考える。一方で、古い種の生存能力は証明ずみなのだから、絶滅する可能性は〇・〇一パーセントくらいだろうと考える。

しかし、ヴァン・ヴェーレンが種の生存期間別に絶滅の確率をグラフ化したところ、その傾向は直線に近いものだった。

確かに長く生き残ってきた種もある。しかし、種の集合（科）で見てみると、一万年生き抜いた種だろうと、一千万年生き抜いた種だろうと、絶滅する確率はほぼ同じだった。

一九七三年に発表した「A New Evolutionary Law（新しい進化の法則）」と題した論文の中で、ヴァン・ヴェーレンはこう書いている。

「ある分類群が絶滅する可能性は、その生存期間と実質的には無関係である」

たとえば、千個のビー玉を毎年二パーセントずつ瓶から取り出していった場合、二十年経ってもまだいくつかのビー玉は残っている。しかし、瓶から取り出される確率は毎年変わらない（二パーセント）。ビー玉は、瓶の中に残ることが年々うまくなるわけではない。

種もこれと同じだ。たまたま長く生存する種もあるが、だからといって生き延びる確率が徐々に上がっていくわけではない。

というのも、「生存競争とはアメフトの試合よろしく、勝者が決まれば一息つけるようなものではないからだ」とヴァン・ヴェーレンは述べている。

競争は決して止まらない。ライバルより優位に立った種は、すぐさまそのライバルの進化を促す。まさに軍拡競争のようなものなのだ。

「進化の仕組み」は冷酷で容赦がない

進化とは、いわば優位性の追求である。ヴァン・ヴェーレンの考えでは、永久に続く優位性など存在しない。どの種も常に必死でもがいているが、絶滅を免れるほど、ほかより先んずることはない。

もちろん、進化しても、必ずしも脅威にうまく適応できるようになるわけではない。なぜなら、脅威は常に変化しているからだ。クロサイは八百万年も生き延びたあと、密猟者によって絶滅に追い込まれた。リーマン・ブラザーズは、三十三回もの不況に適応しながら百五十年にわたり繁栄してきたが、不動産担保証券というライバルを前にして、あっという間に消え去った。

どの種も決して安全ではない。ゆえに、決して休むことはできない。

このことを、ヴァン・ヴェーレンは「赤の女王仮説」と呼んだ。ルイス・キャロルの小説『鏡の国のアリス』の中で、アリスは赤の女王に出会う。その国では、一つの場所にとどまるためには走りつづけなければならない。

どんなに速く走っても、何も追いこしていないみたいなのです。アリスは、かわいそうに、めんくらって「何もかも私たちと一緒に動いているのかしら？」と思いました。クィーンは、そんなアリスの思いを察したとみえて、「もっと速く！　話そうとしてはだめ！　走りつづけなさい！」と叫びます。

その場にとどまるために「走りつづける」。これこそが、進化の仕組みだ。そして現代生活を構成するほとんどの物事が、そのような仕組みになっていないだろうか？

ビジネスも？

製品も？

キャリアも？

国も？

人間関係も？

すべてそうだ。

進化は冷酷で容赦ない。うまくいくものを示すのではなく、うまくいかないものを滅ぼすことで学びを与える。

一つ目の教訓は、ある時代を支配したものが次の時代に滅びても、決して驚いてはいけないということだ。そのような話は、歴史の中にごまんとある。企業、製品、ミュージシャン、都市、作家など、数十年以上にわたって人気絶頂を保つものはほとんどない。ビートルズ、リーバイス、スニッカーズ、ニューヨーク市などは、稀な例外なのだ。

二つ目の教訓は、走りつづけることだ。競争上のどんな優位性も、その栄光に永遠に満足していられるほど強力なものではない。実際のところ、安泰(あんたい)に見えているものほど、自ら破滅の種を蒔く傾向にある。

次は、**自分たちの未来の明るさを測るのがとても難しい理由**について見ていこう。

17

SAME AS EVER

未来はいつも驚異に満ちている

新しいテクノロジーが、
どんな偉大なものにつながるかは、
誰にも予測できない。

いずれ世界を変えるような新しいテクノロジーに対する人々の反応は、おおむね次のような経過をたどる。

- そんなものは聞いたことがない
- 聞いたことはあるが、理解できない
- 理解はしたが、どう役に立つのかわからない
- 金持ちの道楽にはいいかもしれないが、私には関係ない
- 使っているが、ただのおもちゃにすぎない
- だんだん便利になってきた
- いつも使っている
- これなしの生活なんて考えられない
- 真面目な話、これなしで人間が生活していたなんてありえない
- 影響力が強すぎるから、規制が必要だ

この繰り返しだ。一つの小さな発明がどんな可能性を秘めているかを予測するのはとても難しい。

なぜエジソンは未来に楽観的でいられたのか

歴史を通じて、人々はよくこう考えてきた。過去の技術革新はどれも見事だったが、これから先の技術革新は限られてしまうに違いない。なぜなら、簡単なものはすべて発明され尽くされてしまったからだ、と。

一九〇八年一月十二日、『ワシントン・ポスト』紙は、「未来の驚異を予測するアメリカの思索家たち」という見出しの見開き記事を掲載した。

小さな活字に埋もれた「思索家」たちの中に、トーマス・エジソンがいた。

このとき既に世界を一変させていたエジソンは、その時代のスティーブ・ジョブズのような存在だった。

同紙の編集者はこう尋ねている。

「発明の時代は過ぎ去ったのでしょうか？」

「過ぎ去った？」

そんな質問が出ることに驚いた様子で、エジソンは訊き返している。

「なぜです？　まだ始まってもいないのに。これが質問の答えです。ほかには？」

「では、この先の五十年も過去五十年と同じように機械や科学の分野で素晴らしい発展が望めるとお考えですか?」と、同紙は質問を重ねる。
「それはもう、はるかにすごいことになるでしょう」
「どのような方向性での発展が望めるでしょうか?」
「いかようにも」

　これは、やみくもな楽観主義ではない。エジソンは科学的発見のプロセスを理解していた。**大きな技術革新は瞬時に生まれるものではない。むしろ、いくつかの小さな技術革新を時間をかけて組み合わせながら、ゆっくりと築かれていくもの**だ。

　エジソンは壮大な計画を立てるのではなく、あれにもこれにも手を出し、自分でもよくわかっていない方法で組み合わせて多くのものを生み出す天才だった。彼は、**途中の小さな発見が、やがてより大きな意味のある発明につながる**と確信していたのだ。

　たとえば、電球を最初に発明したのは、実はエジソンではない。彼は、ほかの人が既に作っていたものを大幅に改良しただけだ。エジソンの電球が世に出る七十七年前の一八〇二年、ハンフリー・デービーというイギリスの発明家が、フィラメントに炭素棒を用いたアーク灯と呼ばれる電灯を発明した。

　これはエジソンの電球と同じような働きをしたが、実用には向かないほど明るく——しばらく見ていると失明しそうになるほどだった――、ほんの一瞬のあいだ点灯しただけで燃え尽きてしまうため、ほとんど使われなかった。エジソンが貢献したことといえば、電球の明るさと寿命の長さを調整したことだった。これは、非常に画期的なことだった。といっても、それ自体には意味があるとは思えない何十もの過去の発見の上に成し遂げられたものだったのだ。

エジソンが技術革新に対して非常に楽観的な見方をしていたのは、そのためだ。

彼はこう述べている。

一見すると小さな発見から、どんなものがもたらされるかは、誰にもわからない。誰かが何かを発見すると、たちまち多くの実験家や発明家が、それをもとにありとあらゆるバリエーションを試しだす。

エジソンは例をいくつか挙げている。

マイケル・ファラデーの銅ディスクを用いた実験を考えてみよう。まるで科学おもちゃのように見えたのではないだろうか？　それが最終的には路面電車をもたらした。ウィリアム・クルックスの真空放電管（クルックス管）は非実用的な発明かと思われたが、そこからX線が見出された。今日もたくさんの実験家が実験に精を出している。彼らの発見がどんな偉大なものにつながるかは、誰にも予測できない。

「発明の時代は終わったかって？」

エジソンは言った。

「まさか。人類はまだ何も知らないのに」

そう、これが今まで起こってきたことなのだ。

どんな技術革新も「過小評価」されやすい理由

一九〇〇年代初めに飛行機が実用化されたとき、まず難題となったのは、それによってどんな恩恵がもたらされるかを予測することだった。すぐに思い浮かんだのは、せいぜい郵便配達と航空レースくらいだった。

このとき、原子力発電所を予測した人はいなかった。だが、飛行機がなければ原子力発電所はできなかっただろう。

飛行機がなければ、人類が航空爆弾を手にすることはなかっただろう。航空爆弾がなければ、核爆弾を手にすることもなかっただろう。そして核爆弾がなければ、原子力の平和利用を見出すこともなかっただろう。

今の時代も同じだ。グーグルマップも、ターボタックス【訳注：アメリカの納税申告書類作成ソフト】も、インスタグラムも、ＡＲＰＡＮＥＴ（アーパネット）という国防総省のプロジェクトがなければ誕生していなかったはずだ。このプロジェクトは、一九六〇年代、冷戦の機密情報を管理するためにコンピュータのネットワークをつなぎ、インターネットの礎となった。

このようにして、人類は核戦争の脅威に端を発し、ソファに座って税の申告ができるようになった。五十年前には考えられなかった因果だが、そういうことがあるのだ。

物理学者で作家のサフィ・バーコールによると、インスタントカメラのフィルムが発明されたきっかけは、寄生虫を退治するためにキニーネを与えられた病気の犬の尿に、珍しいタイプの結晶が見られたことだったという。この結晶が、それまで発見された中でいちばん優れた偏光板【訳注：ある一つの方向に振動する光の成分だけを通過させるように作られたもの】となったのだ。

誰がそんなことを予測できるだろう？　そんなことが起こるなんて？　誰一人として無理に決まっている。

フェイスブックも同様だ。大学生が週末の酔いどれた姿の写真を共有する手段として始まったが、十年もしないうちに、国際政治において最強のツールとなった。ここでも、先見の明をもって、これらの点と点を結びつけるのは不可能だ。

だから、**どんな技術革新も予測が難しく、過小評価されやすい**のである。AからZまでの道のりはとても複雑で、最終的にとてつもなく奇妙な地点に行き着くこともあるため、今あるツールを見て、それがどんなものになるかを推測することは不可能と言ってよい。

今もどこかで誰かが、未来を一変させるような何かを発明したり発見したりしている。しかし、それについて、おそらく人は何年も知ることはないだろう。いつだってそうなのだ。

「小さな技術革新の融合」がもたらす指数関数的な成長

進化生物学に、「フィッシャーの自然選択の基本定理」と呼ばれる理論がある。**分散が強みになる**という考え方だ。なぜなら、ある個体群が多様化すればするほど、自然選択【訳注：自然環境の中での生存競争の結果、優れた形質を持つものが適者生存して、子孫を残し、劣者は子孫を残さずに滅びること】される可能性のある新たな遺伝形質が備わる確率が高まるからだ。どの形質がいずれ有利になるかは誰にもわからない。進化とはそういうものだ。しかし、たくさんの形質を作っておけば、それがなんであれ、一つくらいは、いずれどこかで役に立つはずだ。

技術革新も同じだ。あるタイミングで、スタートアップ企業が構築しているものや、科学者たちが発見しているものを見たときに、その時点で彼らが取り組んでいるものもそれなりに素晴らしいかもしれないが、過去のものと比べると見劣りすると、私たちは思ってしまいがちだ。複数の技術革新がどう融合していくか考えてもわからないため、今取り組んでいるものの可能性を無視して、最良の時代は過ぎ去ったと嘆くほうが楽なのだ。

ここでの教訓は、**人は常に「今のほうが劣っている」と感じやすい**ということだ。ほぼどの時代にあっても、もう十年も二十年も役に立つものが発明されていないような気がする。だが、それは単に、ある技術革新が役に立つようになるまでに十年、二十年かかる場合があるということにすぎない。

進歩とは一歩ずつ、ゆっくりと時間をかけてなされるものだと理解すれば、誰もあまり気にかけていない小さな技術革新こそ、偉大なものへ発展する可能性を秘めた種子であると気づくだろう。

Ｖｉｓａの創業者のディー・ホックはこう述べている。

「本とは、著者が書いたものをはるかに超える存在である。書かれたものから人々が想像し、読み解くことのできるすべてである」

新しいテクノロジーもこれに似ている。すべての新しいテクノロジーは、そのテクノロジー単体で価値が決まるわけではない。まったく異なるスキルと視点を持った別の誰かが、どう活用するのかも最終的に大きく関わってくるのだ。

もう一つの教訓は、**二つの小さなものが組み合わさったところで大したものにはならないと、過小評価しがち**だということだ。

大自然の仕組みを考えてみよう。北からのちょっとした冷気はあまり気にならない。南から吹くちょっとした暖かい風は心地よい。だが、この二つがミズーリ州の上空で混じり合うと、竜巻が発生する。これは創発効果と呼ばれ、とてつもなく強大な力を発揮する。

新しいテクノロジーも同じだ。指数関数的な成長を評価しない人には理解しがたいことだが、一つの取るに足りないものに一つの取るに足りないものが加わると、一つの世界を変えるような技術になりうる。

キャリアでも同じことが起こる。いくつかの平凡なスキルを適切なタイミングでかけ合わせた人は、一つのことを専門にしている人よりも何倍も成功したりする。

一九〇八年一月十二日、『ワシントン・ポスト』紙がエジソンの記事を掲載した、まさにその日、フランスで初めて長距離無線メッセージが送信された。

その後、この出来事から実を結んだ発明の数々を予測できた人はいなかった。百十四年後に

17 Chapter 未来はいつも驚異に満ちている

私がこの本を書き、出版社に送るときに役立ったものも、その一つだ。

いつの時代も変わらない。

さて、次章では、**人は、自分の人生のつらさを隠すのがとてもうまい**ということについて話そう。

18

SAME AS EVER

人生は思っているより過酷で、楽しくもない

「嘘で肥やされた部分の芝生はいつも青く見える」

一九六三年、『ライフ』誌は小説家のジェイムズ・ボールドウィンに、どこから発想を得ているのかと質問した。ボールドウィンは次のように答えている。

自分の痛みや心の傷は、史上前例のない自分だけのものだと人は思う。だが、そこで本を読んでみなさい。本は私に教えてくれた。私を最も苦しめる事象こそ、今生きている、あるいはかつて生きていたすべての人々と私を結びつけるものなのだと。作家とは、いわば感情の歴史家なのです。

なんと素晴らしい見解だろう。しかし、このような考え方をする人はとても稀だと思う。ほとんどの人は、自分を苦しめるもの、自分が恐れているもの、自分が不安に感じるもの、自分が本当に幸せかどうかを他人に見せない。自分の欠点や失敗について正直に話す人もめったにいない。

自分を取り繕って(つくろ)いる人のほうが圧倒的に多いのだ。

誰が言ったのかは知らないが、「専門家はいつもよその町からやってくる」という格言がある。これは、「預言者は、自分の故郷では歓迎されないものだ」という聖書の一節と似ている。聖書のほうがより深遠な意味を持っているが、どちらも重要なポイントを伝えている。

つまり、自分は特別な人間だと誰かに信じ込ませたいなら、本当は特別な人間ではないことをほぼ知らない相手を丸め込むのがいちばん手っ取り早いということだ。

自分のキャリア、ビジネス、人生を他人と比べるときは、このことを肝に銘じておいてほしい。

私も学ぶのに時間がかかったが、ここによいアドバイスがある。

それは、**「すべては売り込み(セールス)である」**ということだ。この表現は、キャリアに関してアドバイスをするときによく使われる。会社での役割がなんであれ、結局のところ、社のセールスを手伝うのが仕事だ。

だが、これはほかの多くのことにも当てはまる。

「すべてはセールス」とは、誰もが自分のイメージを作り上げようと頑張っているという意味でもある。

イメージは、他人に自分を売り込むのに役立つ。中には人一倍イメージ作りに積極的な人もいるが、たとえ無意識であるにせよ、誰もがこのイメージゲームに参加している。

イメージを作り上げているのだから、それは本人の実像ではない。そこにはフィルターがかかっている。スキルは喧伝(けんでん)され、欠点は隠される。

「外から見る」と何でもよく見える

ある友人から、自分の雇い主が無能すぎると愚痴を聞かされたことがあった。「手際は悪いし、コミュニケーションも下手なんだ」と。それから、「競合他社のほうがはるかに優れていて団結力もある」と彼は言った。

私は、どうやってそれを知ったのかと訊いてみた。その競合他社で働いたこともなければ、社内に入ったこともないのに。

「確かに」と彼は言った。外からそう見えたにすぎないのだ。

しかし、**大半のものは外から見たほうがよく見える。**

競合他社の社員もまた、自社の運営方法の欠点が目についているに違いない。なぜなら、私の友人が自分の会社について知っているように、彼らも自分たちの会社について知っているからだ。市販のソーセージを何も知らずに美味しく食べていても、原材料や製造工程を知ったら、美味しいとは思えないかもしれないのと一緒だ。雇い主の人格がどうかしていることも、意思決定がまったくなっていないことも、自分が内部にいるとき、言うなれば戦地の塹壕（ざんごう）にいるときにしかわからない。

しかし、ビジネスとは氷山のようなもので、目に見えるのはほんの一部だ。

人も同じだ。

インスタグラムには、休暇中にビーチを満喫する写真があふれているが、飛行機が遅延しているときの写真はない。履歴書では、キャリアで勝ち取ってきたものが強調される一方で、疑念や不安要素は書かれない。投資のエキスパートや大物実業家たちは、いとも簡単に伝説レベルに上り詰める。なぜなら、多くの人は彼らのことをよく知らず、彼らの意思決定のプロセスが、ひどいとは言わないまでも凡庸だった時代を見ていないからだ。

もちろん、程度の差はある。他社より経営のうまい会社もあれば、洞察力が人並み以上の人もいる。ごくわずかだが、並外れた才能の持ち主もいる。

しかし、みながこぞって自分のイメージを入念に作り上げているなら、誰がどの位置にいるかを把握するのはとても難しい。

「嘘で肥やされた部分の芝生はいつも青く見える」という格言がある。

時折、現実への窓がパッと開くことがある。『スノーボール　ウォーレン・バフェット伝』（上中下全三巻、アリス・シュローダー著、伏見威蕃訳、日経BPマーケティング）では、投資業界で最も称賛されている人物が、ときに惨めな家庭生活を送っていたことが明らかにされている。その原因の一部は彼自身にあった。銘柄選びが最優先の人生だったため、家庭生活は犠牲になってしまったのだ。

ビルとメリンダ・ゲイツ夫妻も同じだ。二人の生活は、泥沼離婚が報じられる直前まで、おとぎ話のごとく幸せいっぱいに見えていた。イーロン・マスクは、かつて彼がCEOを務める会社テスラ関連で難題を抱えていたときに心を病んだことについて尋ねられ、思わず泣き崩れた。

「子どもたちと会う機会を犠牲にしてなんとか解決したんだ。友人とも会えずに」

私は慢性的な吃音症(きつおんしょう)を抱えながら育った。長年つき合いのある人たちにそのことを話すと、たいていはこう言われる。

「そんな症状があるなんて、ちっともわからなかったよ」

よかれと思って言ってくれているのだが、実はこれが問題を浮き彫りにしている。私の吃音症について知人が知らなかったのは、私自身がそれを困難と感じながらも打ち明けなかったからだ。他人がどんな苦労を隠しているかは、本人以外、誰にもわからない。

知り合いの中に、同じように吃音症を隠している人はどれだけいるのだろうか、とずっと思っていた。また、ほかにも似たような問題はどれだけあるのだろうと。うつ、不安症、恐怖症……実にさまざまなことが、内面の葛藤の上に正常を装った仮面を貼りつけることで覆い隠されているのかもしれないのだ。

誰もが「他人には知られていない問題」と戦っている

氷山の話に戻ろう。ほとんどの人が普段から目にしているものは、実際に起こったことや、人々の頭の中で起こっていることのほんの一部にすぎない。厄介な部分はすべて取り除かれている。

たいていのことは見た目より過酷で、思っているほど楽しくない。

これは、次のいくつかの視点につながる。

自分の苦労ばかりに目が行って他人の苦労に気づかないと、ほかの人が持っているスキルや成功の秘訣を自分は持っていないと卑屈になりがちだ。成功者を超人扱いするたび、誰もがこう言うようになる。

「そんなこと、自分には絶対に無理だ」

これはとても残念なことだ。なぜなら、称賛されている人たちも運がよかっただけの普通の人かもしれないとわかれば、もっと多くの人が頑張る気になれるはずだからだ。

ひとたび本来とはかけ離れた評判を得ると、特別に才能のないことでも、その人の意見が過大評価されがちになる。成功しているヘッジファンドマネジャーの政治的見解や、政治家の投資アドバイスなどがまさにそうだ。

しかし、人間というものを深く知るようになると、いくつかのことでエキスパートになれば、ほかは苦手なままでもよいのだと気づけるようになる。そして、「特別な才能を称賛されるべき人」と、「意見を求めるべき人」とでは、大きな違いがあるということもわかるようになるのだ。オレンジの表皮は捨てて、果実をしっかり味わおう。

誰もが他人には知られていない問題と戦っている。少なくとも、あなたがその人をよく知るようになるまでは。そのことを肝に銘じておけば、もっと寛大になれる——自分自身にも、他者にも。

次は、**善良な人ほど恐ろしいことをする理由**について説明しよう。

19

SAME AS EVER

「インセンティブ」という世界最強の力

インセンティブの方向がおかしくなると、
行動もおかしくなる。
人はどんなものも正当化し、
擁護するよう導かれる。

『ウォール・ストリート・ジャーナル』紙のコラムニストのジェイソン・ツヴァイク曰く、プロのライターには次の三つのあり方があるという。

- 嘘をつかれたがっている人に嘘をつけば、大金を稼げる
- 真実を求める人に真実を伝えれば、生計を立てられる
- 嘘をつかれたがっている人に真実を伝えれば、無一文になる

インセンティブ【訳注：人々の行動を促す動機づけとなるもの】の力が見事に要約されているではないか。ここから、人がおかしなことをしてしまう理由も見えてくる。

人は「理性」ではなく「利害」で動く

アキノラ・ボラジは、三十五歳の時点で、ネット詐欺を働くようになってかれこれ二十年。アメリカ人の漁師を装い、立場の弱い未亡人を騙して金を送らせていた。

『ニューヨーク・タイムズ』紙は、罪のない人々をこれだけ傷つけたことをどう感じているかと、このナイジェリア人に質問した。ボラジはこう返答した。

「もちろん、いつだって良心はある。だけど、貧困は痛みを麻痺させるんだ」

人は飢えると、誰かを騙すことを頭の中で簡単に正当化してしまう。

ラッパーのノトーリアス・B．I．G．は、小学四年生のときにクラック・コカインを売るようになったと、悪びれもせずに語った。

幼い頃、彼はずっとアートに興味があった。教師たちからも芸術家になることを勧められ、「おまえなら絵を描いて生計を立てられる」と太鼓判を押されていた。彼は、ビルボードをデザインする広告アーティストになることを夢見るようになった。

ところが、ある日、クラック・コカインの密売に誘われた。そのときのことを、こう回想している。

「アハハ。今考えたら広告アートとか、笑わせんなよ。二十分もあればマジの大金を稼げるのによ」

ガリレオの時代に、地球が太陽の周りを回っていると確信していた科学者は既に複数いたはずだと、かつてソ連の詩人エフゲニー・エフトゥシェンコは推測した。

「しかし、彼らには食べさせなければならない家族がいた」

だから、決して口にしなかったのだ。

以上は極端な例だが、人は誰しも――あなたも、私も――何かに影響を受けやすい。それも、自分では認めがたいほどの影響を。**行動を促すインセンティブは世界最強の力**であり、人はインセンティブによってほとんどのものを正当化したり擁護したりしてしまう。

インセンティブがいかに強力かを理解すれば、世の中が不条理なことからまた別の不条理なことへと揺れ動いても驚かなくなる。「この世の中に、本当におかしな人はどのくらいいるか？」と尋ねられたら、わからないが、三〜五パーセントくらいと答えるだろう。だが、「インセンティブの働きによっておかしなことをしようとする人は、この世の中にどのくらいいるか？」と尋ねられたら、ゆうに五〇パーセントは超えると答えるだろう。

ある物事についてどれだけ多くの情報や背景を知っていたとしても、「真実であってほしい」「真実でなければならない」と自分が切に願うものほど説得力のあるものはない。また、心理学者のダニエル・カーネマンはかつてこう書いた。

「自分のミスよりも他人のミスのほうが気づきやすい」

インセンティブの力が強大なのは、他人の意思決定に影響を及ぼすのはもちろん、まさか自分がその影響を受けているとは思ってもみないからだ。

アメリカ建国の父、ベンジャミン・フランクリンはかつてこう書いた。

「説得したいなら、理性ではなく利害に訴えよ」

インセンティブは、人々に行動や信念を正当化させる方向に働く。たとえ「間違ったことをしている」「真実ではない」とわかっていても、それでいいのだと思わせてしまうのだ。

作家のジェームズ・クリアーはこう述べている。

「人はアドバイスではなく、インセンティブに従う」

「巨額の報酬」を前にゲームを降りられるか？

これは、私がよく知る男の実話だ。ピザの配達人だった彼は、二〇〇五年にサブプライムローン（アメリカの信用度の低い住宅ローン）を扱う銀行員になった。

彼はほぼ一夜にして、ピザを配達していたときの月給よりも多い日給を稼ぐようになった。

これにより、彼の生活は一変した。

この男の立場に立って考えてみてほしい。彼の仕事は融資をすることだった。家族を養うために、サブプライムローンを信じたのだ。自分が融資をしなければ、ほかの誰かがするだけだ。だから、おかしいと声を上げることも、仕事を辞めることも、無意味に感じられた。

二〇〇〇年代半ばには、サブプライムローンなどバカげたゲームだと誰もが気づいていた。いつかは終わると、誰もが知っていた。しかし、この男のような人間にとって、「今の状態は長くは続かないから、この仕事を辞めてピザの配達人に戻ろう」と認めるのは、きわめてハードルの高いことだった。彼に限らず、ほとんどの人にとってそうだろう。当時も今も、私には彼を責めることはできない。

二〇〇八年の金融危機では、多くの銀行家が取り返しのつかない失敗をした。だが、もし目の前に巨額の報酬をぶら下げられたとして、自分だったらどう行動していただろうか？　あまりに多くの人が、その点を軽んじている。たいていの人は、自分の失敗には気づかない。ベンジャミン・フランクリンの言葉を拝借しよう。

「悪は自分の醜さを知っている。だから仮面の下に隠すのだ」

こうして、ブローカーからCEO、投資家、不動産鑑定士、不動産業者、不動産転売屋、政治家、中央銀行総裁へと続く食物連鎖は蝕(むしば)まれていった。インセンティブは、ボートを揺らさないようにと大きな力が働く。だから、市場が持続不可能になったあとも、しばらく誰もがパドル（櫂(かい)）を漕ぎつづけるのだ。

強烈なインセンティブが、人々の「視野」を狭くさせる

行動や結果がもっと極端になる場合もある。

メキシコの元麻薬王エル・チャポを追ったドキュメンタリーでは、この凶暴で残虐な犯罪組

織のリーダーが、メキシコの貧しい村の人々から絶大な人気と支持を得ている様子が映し出されている。村の人々は、彼を守るためならなんだってする。ある村人は次のように語った。

(エル・チャポを崇(あが)めているのは)収入のほとんどない奴らだろ。エル・チャポはよく立ち止まって人々に話しかけていた。

「調子はどうだ?」

話しかけられた奴はこう答える。

「ええ、娘が結婚するんです」

チャポはこう言う。

「俺に任せろ」

チャポはでかい会場を用意して、音楽バンドを雇って、酒と料理を振る舞って、村中の奴らを招待する。すると花嫁の父親はこう言うんだ。

「チャポのおかげだ」

こうした状況では、善良で正直な人々が悪事に共鳴したり、あげく加担したりしてしまう。なぜなら、インセンティブの力があまりに強いからだ。

このようなとき、インセンティブとして働くのはお金だけではない。インセンティブには文化的・部族的なものがあり、この力が働くと自分の属する社会集団を怒らせたくない、社会集団から追放されたくないという思いから、支持に回ってしまう。

多くの人は、金銭的なインセンティブなら抵抗できることもある。だが、文化的・部族的なインセンティブに逆らうのは難しい。


人々が聞きたいことだけを聞き、見たいものだけを見たいと願うとき、インセンティブがとてつもない誘因力を発揮する。

一九九七年にヘール・ボップ彗星(すいせい)が地球に大接近したが、当時、ヘヴンズ・ゲートというカルト教団は、その彗星の影に隠れて宇宙船が飛行していると信じていた。真の信者を楽園まで連れていくために地球へ向かっているのだ、と。

信者たちは自分たちの目で宇宙船を確かめようと、何人かでお金を出し合い、高性能の望遠鏡を購入した。

彼らは彗星を発見した。が、彗星を追う宇宙船の姿はなかった。

そこで、信者たちは望遠鏡を買った店まで持っていき、返金を求めた。何か問題でもあったのですかと店主が尋ねると、彼らはこう答えた。

「ええ、この望遠鏡は明らかに壊れています。だって、宇宙船が見えないのですから」

人は長い歴史の中で、自分が信じたいものを信じてきた。

これはカルト教団の信者に限ったことではない。

インセンティブによってある方向へと促されているとき、物事を偏見なく客観的に見ることはとても難しいのだ。

「専門家の意見」が複雑になりやすい理由

一九二三年、ヘンリー・ルースは『ファクト』という名の雑誌を創刊しようと考えた。客観的な真実だけを報じるつもりだったからだ。しかし、それが想像以上に難しいことに、すぐに気づいた。代わりに、記事を簡潔にして読者の時間を節約できれば、これ以上ない強みになるだろうと考え、雑誌名を『タイム』にした。彼はこう述べた。

「自分を客観的だと思っている人間がいたら連れてきなさい。それが思い違いだと教えてやろう」

形はさまざまだが、同じことが多くの分野に――専門家の意見に対価が支払われるようなサービス業界には特に――当てはまる。何が正しいかを知っていることと、自分が正しいと思っていることを提供して生計を立てることの間には、隔たりがあるかもしれない。

このことは、投資、法律、医療などの分野でよく見られる。「何もしない」ことが最善の答えであるにもかかわらず、専門家として「何かしなければならない」というインセンティブに促される。

ときにモラルに反するものの、これは純粋な「人助け」である。アドバイザーが顧客に「ここで何もする必要はありませんよ」と言ってしまっては、たいていの場合、ただの役立たずに感じられるだろう。彼らはクライアントの役に立とうとするあまり、何もする必要がないとき、あるいは逆効果になりかねないときにまで、あえて物事を複雑にしてしまう。


数年前、コメディアンのジョン・スチュワートは、CNBC放送の番組で司会を務める投資家のジム・クレイマーにインタビューを行なった。CNBCの番組コンテンツには矛盾するものから常識を疑うものまで幅広くあると追及されたクレイマーは、こう言い返した。

「いいかい、我々は一日に十七時間の生放送をやらなきゃならないんだ」

スチュワートはこう答えた。

「時間を減らせばいいじゃないか」

そのとおりだ。だが、テレビ業界にいる人には、それはできない。

昔、ある医者からこう言われた。「医学部ではいちばん大事なこと、つまり、『医学を学ぶこと』と『医師になること』は別だということを教わらない」と。医学を学ぶことは生命科学の知識を得ることであるのに対し、医師になることは人々の期待にうまく応えたり、保険制度を理解したり、そつなくコミュニケーションを取ったりといったソーシャルスキルを身につけることである。二つは別物なのだ。

ここで留意すべき点を三つ。

1．インセンティブの力が働くことで、善良で正直な人々もおかしな行動に駆り立てられることもあるくらいだから、世界が破綻する可能性は人々が思うよりも高い

戦争、不況、詐欺、ビジネスの失敗、株式市場のバブルなど、あらゆることが人々の考える以上に頻繁に起こるのは、インセンティブによって人々のモラルが低下するからだ。

反対も然りだ。進歩へと促すインセンティブによって人々が動かされるとき、人々がどれだけ善行を行ない、どれほどの才能を開花させ、どれだけの成果を上げるか、そのことを過小評価しがちだ。

人々が極端な行動を取ることは普通なのだ。

2. 持続不可能なものが、予想以上に長続きする場合がある

インセンティブが働くことによって、常軌を逸した持続不可能なトレンドが妥当と思われる以上に長く続く場合がある。それは社会的・経済的な問題を理由にして、人はできるだけ長く現実を受け入れまいとするからだ。

3. こう自問してみよう。「もし自分を促すインセンティブが異なっていれば、今の自分の考えはどう変わってくるだろうか?」

「何も変わらない」と答えた人は、インセンティブに説得されやすいだけでなく、盲目になっている可能性がある。

説得という言葉が出てきたので、次は関連するポイントについて取り上げよう。**自分が実際に経験したことほど説得力のあるものはない**、という話だ。

20

SAME AS EVER

「経験」ほど説得力のあるものはない

実際に経験してみて、
「初めてわかる」ことがある。

実際に経験したことほど説得力のあるものはない。本を読んで、勉強して、共感することはできる。しかし、自分の目で実際に見るまでは、自分が何をしたいのか、何を求めているのか、どこまでやりたいのか、わからないことが多い。

第三十三代アメリカ大統領ハリー・トルーマンは、かつてこう述べた。

ハンマーで叩きつけられない限り、次の世代は前の世代から何も学ばない……なぜ前の世代からの教訓を活かせないのか不思議だったが、人は実際に経験して頭を打ちのめされなければ学ばないのだ。

歴史を通じてよく言われるのは、人の選択傾向は気まぐれだということだ。人は自分で経験してみないと、極端な状況の変化にどう対応していいかわからない。

世界恐慌は「人間の本性」をここまでむき出しにした

一九二九年に始まった世界恐慌は、ただ経済が崩壊したというだけでなく、その結果、人々の価値観が瞬く間に激変したという点で、非常に興味深い。

一九二八年、アメリカ国民は史上稀に見る圧倒的大差（選挙人団の獲得票数が四百四十四票）でハーバート・フーヴァーを第三十一代アメリカ大統領に選出した。だが、一九三二年、彼らは圧倒的大差（選挙人団の獲得票数が五十九票）でフーヴァーを大統領職から退かせた。

そこから、状況は一変した。

金本位制が廃止され、実質的に金の所有が禁じられた。

公共事業が急増した。

税金で老齢年金を賄おうとする試みはそれまで何十年も進展しておらず、第一次世界大戦後の最も過激化した時期には、公的老齢年金推進の支持者が国会議事堂の芝生で逮捕される事件まで起こった。世界恐慌は、いわばそのスイッチを切り替えた。非主流派のアイデアが突如として受け入れられたのだ。一九三五年、下院で三百七十二対三十三票、上院で七十七対六票で社会保障法が可決された。

一方で、経済危機のもと、一九三三年に第三十二代アメリカ大統領に就任したフランクリン・ルーズベルト打倒を目論んだ裕福な実業家たちが起こしたとされるクーデターが勃発した。スメドリー・バトラーという海兵隊大将が独裁者として君臨したが、その行動は当時ヨーロッパを席巻していたファシストに通ずるものがあった。

こういう出来事は、人々がお腹いっぱいに食べられ、安定した仕事につけているときには起こらない。人々は人生がひっくり返され、希望が打ち砕かれ、夢が不確かなものになって初めて、こう言うのだ。

「前に聞いた突拍子もないアイデアはなんだったかな？　今、やってみるのはどうか。どうせ何もうまくいっていないんだ。やってみてもいいんじゃないか」

コメディアンのトレバー・ノアは、母国である南アフリカのアパルトヘイトについて、かつてこう述べた。

「絶望と恐怖の絶妙なバランスがわかる人は、人々になんでもさせることができる」

渦中にいない限り、このことを理解するのは非常に難しい。また、リスクや恐怖や絶望に自分がどう反応するかもわからない。

一九三〇年代のドイツほど、このことを強く痛感させる場所はない。当時、ドイツでは世界恐慌を前にして凄まじいハイパーインフレが起こり、紙幣による富がすべて無と化した。

『*What We Knew*（私たちが知っていたこと）』（未邦訳）という著書は、第二次世界大戦を経験したドイツ国民へのインタビューを中心に、どこよりも先進的で文明的な文化を誇っていた国が、いかにして急激に変化し、人類史上最悪の残虐行為を犯すに至ったかを解き明かそうとしている。

［聞き手］：インタビューの冒頭で、ほとんどの大人はヒトラーが講じた措置を歓迎したとおっしゃいましたね。

［ドイツ国民］：ええ、それはもう。一九二三年に起こったインフレを思い出してみてください……（通貨が）一兆倍に暴騰したのです……そこにアドルフ・ヒトラーが新しいアイデアを持って権力を握った。それで多くの人の暮らし向きが実際によくなったんです。何年も失業していた人も仕事につけるようになった。そりゃあ、国民みんなが賛成しますよ。

自分を緊急事態から救いだして、よりよい生活に導いてくれる人がいたら、その人を支持するようになるものです。そんなときに、人々がこう言うと思います？

「これはまったくのでたらめじゃないか。そんなの反対だ」

いいや、言わないですよ。

強いストレスがかかると「三週間で人は獣になる」

強制収容所（グラーグ）に十五年間にわたり収容された、詩人のヴァルラーム・シャラーモフはかつて、ストレスと不安にさらされたごく普通の人々が、いかにあっという間に正気を失ってしまうかについて書いた。

善良で正直で愛情深い人も、基本的な生活必需品を剥奪(はくだつ)されたら、生きるためならなんだってするような、モンスターに変わり果ててしまう。

強いストレスがかかると、「三週間で人は獣になる」と、シャラーモフは書いている。

歴史家のスティーヴン・アンブローズは、第二次世界大戦中の兵士たちの変化について記録している。基礎訓練を終えた兵士たちは、自信と虚勢に満ちあふれ、前線に加わることや戦うことを熱望した。しかし、いざ銃撃されると、すべてが変わった。

アンブローズはこう書いている。

「訓練で戦闘に備えられるわけがない」

銃の撃ち方や命令への従い方は教えてもらえるかもしれない。しかし、「機関銃の砲火が飛び交う戦地で、銃弾の破片の雨が降りしきる中、無力に横たわる方法を教わることはできない」。**実際に経験するまで、誰も理解できない**のだ。

これらは極端すぎる例である。しかし、ストレス下にある人々が、ストレスのかからないときなら決して受け入れないようなアイデアや目標に飛びつくことは、歴史のそこかしこで起

預金残高が構成されている訳で、この現預金残高も「利益のお金の残高」と「借金のお金の残高」に区分できることになりますが、現行会計（現行の会計制度）ではこの現預金残高の中身の検証ができないため、財務の強弱の検証ができていない状況が続いています。

そのため、現行会計では損益計算書が黒字で支払いができなくて倒産することを「黒字倒産」と言って、お茶を濁しているものと考えています。

私の発案した「**時点利益資金会計**」では、この現預金残高の中身の検証ができるので、財務の強弱の検証が可能となり、「黒字倒産」はあり得ないことが分かります。

会社の財務を強くするには「**お金**」を稼ぐ力と残す力が必要だという方がほとんどだと思いますが、このあいまいな「お金」という表現がそもそも大きな間違いの元になっていることをご存じでしょうか？

まず、事業活動の実態をよく考えてみれば、答えは自ずと明らかになります。事業活動で動くものは、物やサービスの対価として「お金」が動きます。売主側は、売上代金として「お金」が増加します。この増加した「お金」は**「利益のお金」**です。一方、買主側は、原価や経費の支払いとして「お金」が減少します。この減少した「お金」も**「利益のお金」**です。

つまり、増加した「利益のお金」から減少した「利益のお金」を控除して残りがあれば、「利益のお金」が残っていることになり、マイナスになったら「借金のお金」で充当されたことになります。

これ以外に、借入金・買掛金・未払金などを発生原因とした「お金」の増加と減少が発生します。この増加・減少した「お金」は「借金のお金」です。

このように、事業活動で動くお金は1つではなく、2つのお金が動きます。

これまで説明したとおり、2つのお金（利益のお金と借金のお金）が動いているにもかかわらず、ただ単に「お金」という表現しかできないところに財務上錯覚する大きな間違いの原因があると考えています。

この2つのお金が動いた結果として、現行会計は現預金残高が1つしか表示がありません。2つのお金が動いた結果の残高は2つになるハズだと思いませんか？

つまり、

現預金残高＝利益のお金の残高＋借金のお金の残高

となります。

それから、借入金・買掛金・未払金などの残高がある会社のケースの場合には、

現預金残高＝△利益のお金の残高＋借金のお金の残高

となります。

結論から申し上げます。

会社の資金繰りをラクにし、倒産しない会社づくりの方法は、この2つのお金のうちの「利益のお金」を増やして残すことです。

残念ながら、現行会計では、この「利益のお金」が増加しているのか、減少しているのかの検証ができません。

この検証方法をもっと研究すべきだったにもかかわらず、安直に資金繰りだけでお茶を濁してきた現状があると私は考えています。

現行会計制度が上場会社の株主への報告会計の役割から見たら、これで良いのかもしれません。しかし、非上場会社の経営者等のための会計の役割から見たら、現行会計の考え方をそのまま適用するには弊害が多いと考えています。

つまり、財務の成長を示す羅針盤がない状況で会社運営をしているようなものだと考えています。

そこで、この「利益のお金」の増減の判定ができる表が時点利益資金会計で作成する「**倒産防止管理表**」であり「**お金の損益計算書**」です。

会社の資金繰りをラクにし、倒産しない会社づくりを希望される方は、ぜひ本書をじっくりと3回以上はお読みすることお勧めします。

まず、時点利益資金会計の歴史から説明したいと思います。

私が、２０１４（平成26）年2月に『経営者のための利益のお金が見える会計』をオンデマンドで出版をしてから今年で10年目を迎えることになりました。その間に、いろいろと「お金」の研究を自問自答しながらやってきて、言い回しの変更や追加すべき新たな発見もあり、今回出版することにしました。

その前著にも書いたのですが、私の「お金」の研究の始まりは、１９９６（平成8）年9月に行われた東京・中野サンプラザでの佐藤幸利先生による「資金会計セミナー」です。このセミナーで佐藤先生は「お金を色（性格）分けすると、何色と何色に分けられますか？」という質問をされました。

30数名あまりの聴講者のほとんどが公認会計士や税理士などの専門家でした。しかし、誰一人として答えられないでいました（私は内心、お金に色付けなんてできない

のだから無理でしょう……と思っていると）。

するとと佐藤先生が、

「ここに1万円で仕入れた商品があります。この商品を1万5000円で売却しました。そして、ここにその売却代金である1万5000円の現金があります。この現金、1万5000円の色（性格）は大きく2つに分けることができます。5000円は儲けのお金、そして残りの1万円は儲け以外のお金です。儲け以外のお金は、自己資金のお金、借入資金のお金、買掛資金のお金の3つに分類できます」

と言うのです。

私はこの佐藤先生の説明に驚かされました。従来の「お金に色（性格）付けはできない」という常識を見事に覆した説明に驚きとともに、新鮮さを感じたのです。

佐藤先生自身は、1986（昭和61）年12月ごろにこの発見をされたそうです。まさに、会計学上のコペルニクス的な発見！　世の中の人々が天動説（お金に色は付かない）を信じ込んでいるときに、地動説（お金に色は付く）を教えてくれたのです。

私は、この佐藤先生のセミナーを機に、会計学に対する見方が一変してしまいまし

た。そして、この「資金会計理論」を理解したいがために、佐藤先生にいろいろとご指導していただいたのです。

しかし、残念なことに２００３（平成15）年の12月に佐藤先生は道半ばにして他界されてしまいました。

本年は私が「お金」の研究を始めてから28年目、佐藤先生が「お金」の研究を始めてから38年目、後で述べますが、金子利八郎先生が「お金」の研究を始めてから実に88年目の年になります。先人の貴重な発見を後世に引き継ぎたい想いでいっぱいです。

前著の出版時点では、気付かなかった点がいくつかあります。

まず1つ目が、当たり前のことなのですが現行会計制度は上場会社の株主のための利益、すなわち配当可能利益を計算するための会計だという点です。つまり、各期間の株主に平等となるような期間損益を計算するために、一定のルールに基づいた「例外の利益」を計算していることになります。

２つ目の気付きは、目に見えている「お金」は１つにしか見えないこと、そして「お金」そのものに色付けはできないという点です。

しかし、現実は目には見えないが、２つのお金が動いています。それは、「利益のお金」と「借金のお金」の２つです。

３つ目の気付きは、借金のお金の役割についてです。借金のお金の役割は、「自分で稼いだお金」が不足しているときに、「利益のお金」として使えるようにする役割があるという点です。

つまり、借金のお金を使ったら、利益のお金が減少し、借金のお金は減少しないことになります。ですから、借金のお金は借金の返済時のみ使用可能になるということです。

会社の財務強化の確認方法はただ２つ

１つ目は、投資資金がより多くの利益のお金を稼いでいることが確認できてい

るか？

そして、２つ目は、その稼いだ利益のお金の残り額がより多くなっていることが確認できているか？　だと考えます。

資金繰りがラクで財務が強い会社とは、利益のお金の残り額がより多い会社です。

借金のお金で現預金残高が多ければ資金繰りはラクになりますが、財務が強い会社ではありません。

借金をして自分で稼いだお金以上に使ったら、自分で稼いだお金の残高はマイナスになっていることに気付くことが重要です。

この状態で新たに借金をしたら現預金残高は増加しても自分で稼いだお金の残高はマイナスのままです。

このマイナスを解消するには事業活動で利益のお金を増加させるしか方法はありません。

つまり利益のお金が増加すれば、利益のお金の残高のマイナスが減少し、借金のお金が浮き出てきます。その借金のお金で借金返済が可能となります。

現行会計では「お金」を色分けする考え方がありません

現行会計では、一会計期間の損益の計算が重視されて、商取引の結果として動く「2つのお金」の動きは考慮されず、ただ資金繰りのみに終始するため「お金の3つの機能」（第2章で説明）からの発想と研究がまったくありませんでした。

この現行会計の考え方は、日本だけでなく世界中の会計学者と会計専門家が無意識的に今までそのように教えられ伝承させられてきた考え方だと思います。

この考え方は、株主等の利害関係者への報告会計としての期間損益思考から出てきた考え方だと思います。

つまり、損益の計算と資金の計算は別物であることが原則であることを前提として、「現行会計が求める利益と現金は一致しないもの」と教え込まれ、信じ込まされてき

たものだと考えます。

まさに、現行会計学に洗脳された状態に近いように感じるのですがいかがでしょうか？

そもそも、現行会計が求める利益は、配当可能利益という現行会計のルールに基づいて計算された「例外の利益」なので「本当の利益のお金」とは一致しないことは当たり前の話なのです。

そして、現行会計の期間損益計算に織り込まれた商取引以外の取引を除外すれば、商取引だけの「本当の利益」が計算されます。この**「本当の利益」**と**「利益のお金」**は原則的には一致します。

では、「本当の利益」と現金残高の関係はどうなっているのでしょうか？

まず、事業活動で動く現金には「利益のお金」と「借金のお金」の2つがあるということの認識が必要です。

そして次に、現金残高は「利益のお金の残高」と「借金のお金の残高」の合計額になっているという認識が必要です。

このように考えれば当然のように、時点利益資金会計が求める「本当の利益」と「利益のお金」は一致することになり、「本当の利益の残高」と「利益のお金の残高」も一致することになります。

ですが、現行会計学の思考では「現金」は1つだと考えられているために、目に見えている現金（この現金は利益のお金と借金のお金の合計になっている）は、「本当の利益（=利益のお金）」とは一致せず、当然に目に見えている「現金残高」（この現金残高も利益のお金の残高と借金のお金の残高の合計になっている）は、「本当の利益の残高（=利益のお金の残高）」とも一致しないのは当然の話です。

確かに目に見えている「現金」は1つですが、目に見えていない「現金」は2つあると考えて、目に見えていない現金の中身が診えれば、「本当の利益」と「利益のお

金」は一致しているし、「本当の利益の残高」と「利益のお金の残高」も一致しているのです。

●財務思考上の現金と利益の関係式は次のとおりです

現行会計の利益（例外の利益）≠現　金
現行会計の利益（例外の利益）≠利益のお金
商取引上の利益（本当の利益）＝利益のお金
商取引上の利益（本当の利益）残高＝利益のお金の残高
現　金＝利益のお金＋借金のお金
現　金　残　高＝利益のお金の残高＋借金のお金の残高

現行会計学思考の利益（例外の利益）と現金残高が一致しないという延長線上に、「利益」と「儲け」は違うという現行会計用語が作り出されたもののように感じてい

ます。

しかも、この現行会計学思考が世界の会計の原則だと何の疑問も持たずに思い込まされています。まさに、会計版の天動説が蔓延しているように思うのですが、いかがでしょうか？

以前の私がそう考えていたように、現行会計を学んだ多くの会計学者や会計専門家もそのように教え込まれ、そのように信じ込まされてきたのではないのでしょうか？

確かに、現行会計制度は、株主等との利害調整機能としての会計としては原則の会計だと思います。これを否定するものではありません。

つまり、現行会計制度は、上場会社には適合する会計制度だと思いますが、非上場会社にそのまま適用するには弊害が多いと思います。

企業会計の役割として、経営者の立場から見た企業財務の実態を表す会計の役割から見たら、このように「利益と現金は一致しない」と考えている現行会計理論で作成

された財務諸表で、企業財務の実態が本当に把握されるのでしょうか？　はなはだ疑問を感じる次第です。

現行の会計用語として**「黒字倒産」**という不思議な言葉があります。

現行会計を学んだ人には、何の疑問もない言葉ですが、会計を一度も学んだことがない人には、この言葉の意味が分からない人たちがいます。

なぜ「黒字」で倒産するのか？　という疑問を持つ人がいる事実に、世界の会計学者は、真摯に耳を傾けていただきたいと思う次第です。

それから、もう1つ不思議な会計用語があります。

先ほども少し述べましたが、現行会計学を学んだ人たちの中には、「利益」と「儲け」は違うと考えている人たちが多くおられます。どう違うかというと、利益は売上から経費を差引した差額概念であるが、儲けとは現金に近いという考え方です。かの有名な経営学者であるピーター・ドラッカーも、このように考えていた一人だったと

思っています。

会計学を一度も学んだことがない人たちに、「利益」と「儲け」は違うものか同じものかをお聞きすると、同じものだと答える人が多くいらっしゃいます。実は、現行会計学は、株主等との利害調整機能の側面から研究されてきた歴史しかありません。つまり、期間損益計算思考の会計理論だけしかないと思うのです。

そのため、未解決の不思議な言葉が多く存在していることを、まずはご理解したうえで、今まで現行会計を学ばれた人は一度現行会計を忘れていただいて、素直な気持ちで先をお読みいただければ理解が早いと思います。

つまり、会計のもう1つの側面として、経営者の立場から企業財務の実態を表す会計の研究の始まりだと思っていただければと思います。

さて、これから世界初の会計思考である非上場会社の経営者のための「お金の中身で財務が解る会計」つまり「時点利益資金会計」の話を進めていきたいと思います。

こっている。

第二次世界大戦後、九四パーセントの税率が適用された。

一九二〇年代までは低税率が最も人気のある経済政策であり、増税を提唱する者は片隅に追いやられていた。しかしその後、世界恐慌と戦争の二重苦ですべてが崩壊した。

一九四三年、フランクリン・ルーズベルトは年間四十万ドル相当までを実質的な所得の制限とし、それ以上の所得には九四パーセントの税を課した。翌年、ルーズベルトは圧倒的大差で再選を果たした。

第四十代アメリカ大統領レーガンが行なった社会福祉支出の抑制、規制緩和と大幅減税である「レーガン革命」も同じだ。

一九六四年の時点では、アメリカ国民のほぼ八〇パーセントが政府に高い信頼を寄せていた。だが、一九七〇年代に入り、高インフレと高失業率が何年も続いたことで、政府こそ問題の原因であり、解決策になっていないと糾弾する政治家に、国民は耳を傾けるようになった。

ここでの大きなポイントは、たとえば五年後や十年後に、人々がどんな政策を求めるようになるかは、まったくわからないということだ。**予期せぬ苦難は、平穏なときには想像もしないようなことを人々にさせ、考えさせる。**

なぜ「バフェットのように投資する」ことが難しいのか

個人の考えも同じ罠にはまる。投資では、「ほかの人が恐れているときこそ貪欲になれ」と言うが、これは言うは易く行なうは難しだ。なぜなら、市場が崩壊したとしても、自分の考えや目標はそこまで影響を受けないと、人は甘く考えてしまうからだ。

不況に陥ったときに、以前なら考えられなかったようなアイデアや目標を受け入れてしまうのは、不況時には資産価格以上のたくさんのことが変化するからだ。

今日、株価が三〇パーセント下落したら自分はどう反応するかを考えてみよう。私なら、三〇パーセント下落した株価を除いて、すべてが今日と同じような世界を思い浮かべる。

しかし、世界はそのような仕組みにはなっていない。

不況は単独では起こらない。株価が三〇パーセント下落するとしたら、大勢の人々、企業、政治家などが何かをしてしまったからだろう。そして彼らの失敗は、私なら取り返せるという自信を失わせるかもしれない。すると、私の投資計画は、成長よりも現状維持を優先させるようになるだろう。

経済が好調なときに、こうした精神的な変化を状況に当てはめて考えるのは難しい。だから、たとえウォーレン・バフェットが「ほかの人が恐れているときこそ貪欲になれ」と言っても、その言葉に賛同する人に比べて、実際にそうする人ははるかに少ないのだ。

企業、キャリア、人間関係にも同じ考え方が当てはまる。苦難のときは、平穏なときには想像もしないようなことを人々にさせ、考えさせる。

コメディアンのクリス・ロックは、学校で実際に子どもたちに教育を施(ほどこ)しているのは誰かについて、かつてこんなジョークを述べた。

「半分は教師、あとの半分はいじめっ子だ。いじめっ子にどう対処していくかを学ぶことは、大人になってから実際に役立つことの半分を占めるからね」

いじめは、リスクと不確実性を伴う生の体験だ。そういうものは、直接経験してみないと理解できない。

成功が「想像していたとおりのもの」であることは稀

ちなみに、リスクと不確実性を伴う体験は、双方向に作用することを覚えておいてほしい。多くの場合、人は実際に経験してみない限り、予想外の大金を手にしたり、信じられないような幸運に恵まれたりしたときに、自分がどんな反応をするかわからない。

月に行くことは、人類がこれまでに果たした中でも最も素晴らしい偉業である。

それはこのうえない経験に違いないと思うだろう。だが、宇宙船が月の上空でホバリング（停止飛行）しているとき、宇宙飛行士のマイケル・コリンズは、ニール・アームストロングとバズ・オルドリンにこう言った。

驚くよ。人間ってこんなにも早く慣れるものなんだな。すぐ外を月が通っていても、ちっとも不思議な感じがしない。

三カ月後、アポロ十二号の飛行で月面を歩いたアラン・ビーンは、ピート・コンラッドに向き直ってこう言った。

「ペギー・リーの歌みたいな気分だ。〝たったこれだけ？〟ってね」

コンラッドも内心では同じように思っていたので、ほっとした。彼は月面歩行について、確かに壮観だが、そこまでのことではないと表現した。

また、期待はどんどん高くなるし、規則や条件も想像以上の速さで変化する。かつてコリンズはオルドリンについてこう語った。

「彼は史上二番目に月面歩行ができたことに感謝するよりも、一番目になれなかったことに腹を立てているようだ」

大きな成功をおさめたからといって、周りが期待するほどの幸せを手に入れた人物には会ったことがないし、聞いたこともない。だからといって、成功がプライドや満足感や自立をもたらさないわけではない。ただ、成功が「想像していたとおりのもの」であることは、めったにないのだ。

俳優のジム・キャリーはかつてこう述べた。

「みんな金持ちになって、かつて夢見たことを片っ端からやってみればいい。そうすれば、金持ちになることが答えではないとわかる」

このことは、リスクに対して自分がどう反応するかを予測するのが難しい理由と一部重なる。

実際に経験してみない限り、全体の状況を想像するのは難しいのだ。

将来の自分が豪華な新居で暮らしているのを想像してみよう。何もかも最高だと感じながら、華麗な暮らしに浸っている姿が目に浮かぶ。ここで忘れがちなのは、豪邸に住む人だってインフルエンザにかかるし、乾癬（かんせん）になるし、訴訟に巻き込まれるし、夫婦で言い争いになるし、不安に苛まれるし、政治家にイライラすることもあるということだ。

物質的な成功から来る喜びが、こうしたトラブルにいつ取って代わられるとも知れないのだ。

未来の幸運はそれ単体で想像してしまうが、現実とは「よいこと」と「悪いこと」の両方があるものなのだ。

成功とはどんな感じか、自分はわかっていると思うかもしれない。しかし、実際に経験してみて初めて「ああ、なるほど」と気づく。成功というのは、あなたが思っているよりも複雑なのだ。

あなたもこれでわかったはずだ。

次は、**「長い目で見ること」**について話そう。

21

SAME AS EVER

「長期的な視野」に立つには

「私は長い目で見ている」と言うのは、
エベレストの麓に立って頂上を指差し、
「私はあそこを目指している」と言うようなものだ。
まあ、それ自体は悪くない。では、やってみよう。

私たちを引き離すものは何もない。あと十年は結婚生活が続くはず。

——エリザベス・テイラー、離婚申請をする五日前

ただ思うだけなら楽だが、長期的な視野に立って何かを成し遂げるのは難しいものだ。投資、キャリア、人間関係など、積み重ねが大事なあらゆるものにおいて、長期的に考えることが正しい戦略であることは、ほとんどの人が知っている。しかし、「私は長い目で見ている」と言うのは、エベレストの麓(ふもと)に立って頂上を指差し、「私はあそこを目指している」と言うようなものだ。まあ、それ自体は悪くない。では、やってみよう。

長期的な視野に立つことは、大半の人が想像している以上に難しい。だからこそ、思っている以上の見返りを得られるのだ。

価値あるものには、すべて値段がついている。だが、その値段が何なのかは必ずしも明確ではない。

必要なスキルや持つべきメンタリティなど、長期的な視野に立つために必要なコストは過小評価されがちで、たいていは「もっと我慢しろ」といった役に立たないアドバイスにすり換えられる。とにかく我慢が足りないから、みんな達成できないのだとでも言わんばかりだ。

長い目で見てうまく行動していくには、いくつかのポイントを理解する必要がある。

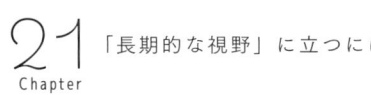

「長期的に考える戦略」を機能させる四つのポイント

1．「長期的に考える」とは、「短期間で起こる理不尽なことへの我慢」を重ねていくこと

十年という時間軸があるからといって、この先の十年に起こる理不尽な出来事から逃れられるわけではない。誰もが不況、弱気市場、株価の暴落、予想外の出来事、インターネット・ミーム（SNSを通じて拡散され話題になった文章や画像、動画のこと）などを経験しなければならない。

だから、長期的視野に立つ場合、「短期で起こる理不尽な出来事など放っておけばいい」と決めつけるのではなく、こう自問してみよう。

「終わりなく次々と起こる理不尽な出来事に、どう耐えたらよいか？」

長期的な視野に立つことによって、短期に起こる予測不能なつらい出来事を避けられるのでは、と安心してしまうことがある。しかし、そんなことは決してない。むしろ逆で、時間軸を長く取って考えるほど、より多くの苦悩や災難を経験することになる。野球選手のダン・クイゼンベリーはかつてこう言った。

「未来は今とよく似ている。ただ先が長いだけだ」

このような現実に立ち向かうには、見落としがちな調整が必要になってくる。

2. 自分一人が長期的視野に立つだけでは足りない。パートナー、同僚、配偶者、友人も足並みを揃える必要がある

四〇パーセントの損失を出した投資マネジャーが、投資家たちにこう言ったとする。

「大丈夫です。長い目で見ていますから」

彼一人がそう信じても、きっと投資家たちは信じないだろう。みなが資金を引き上げ、会社は生き残れないかもしれない。そうなれば、いくらのちに投資マネジャーが正しかったとわかっても意味がない。誰も得をしないのだから。

あなたには最後までやり遂げる根性があるのに、配偶者がそうでない場合にも同じことが起こる。

素晴らしいアイデアが浮かんだのに、証明に時間がかかるせいで、上司や同僚が待ってくれないこともある。

こうした展開は珍しくもなんともない。人生ではよくあることだ。

その多くは、あなたが信じていることと、あなたが他人に伝えて納得してもらえることとのギャップから来ている。

金融業界は、あまりに近視眼的だと冷笑されることがある。そのとおりだが、それも理解で

きる。多くの金融専門家たちが短期志向なのは、トラブルの兆しが見えるとすぐに顧客が逃げ出すような業界だからだ。短期的なキャッシュフローや利益を追求しなければ、ビジネスが成立しないのだ。

だが、顧客が逃げてしまうのは、投資の仕組みや戦略、投資家として何を期待すべきか、株の乱高下や好不況の波といった避けられないことへの対処方法などを投資家たちが顧客にうまく伝えられていないからなのだ。

最終的に正しい判断ができることは大切だ。しかし、最終的に正しい判断ができたとして、その判断を周囲にも納得させることができるかというと、それはまったく別問題である。だが、そこが見落とされやすいのだ。

3.「忍耐強い」のではなく「頑固なだけ」の場合もある

世の中の変化に合わせて自分の考えを変えていくことは、役に立つだけでなく非常に重要である。

しかし、考えを変えるのは難しい。なぜなら、自分の間違いを認めるよりも、嘘を信じて自分をごまかすほうがはるかに簡単だからだ。

間違った考えを後生大事に抱えている人にとって、長期的な思考は心の支えになるかもしれない。かつては正しかったものの、世の中が変わって世間からは受け入れられなくなった考えを手放せない人々は、こう言う。

「私の考えが進んでいるだけだ」

「ほかのみんなが、どうかしているんだ」

長期的に考えるには、自分が忍耐強いのか、それともただ頑固なだけなのかを見きわめる必要がある。これは簡単ではない。見きわめる唯一の策としては、あなたのいる業界で決して変わることのないごくわずかなものを知り、それ以外はすべて常に更新と適応が必要なカテゴリに分類することだ。決して変わらない(ほんの)わずかなものは、長期的な思考に向いている可能性がある。逆にそれ以外のものには、すべて消費期限がある。

4. 長期的な視野で考えるときには「時間軸」をどう取るかよりも「柔軟性」が大切になる

今が二〇一〇年だとして、時間軸を十年に取った場合、目標の期日は二〇二〇年になる。そしてその年、世界は新型コロナウィルスによるパンデミックで崩壊した。企業や投資家なら、「辛抱強く待っていた見返り」をもらえるとはとても思えない時期だった。

時間軸を長く取ったときに、その対象期間を厳密にすると、時間軸を短く設定したときと同じくらい、偶然に左右されかねない。

厳密な時間軸にこだわるよりも、柔軟性を持たせるほうがはるかによい。時間は複利をもたらす魔法であり、その重要性は無視できない。とはいえ、長い時間軸と柔軟な期日設定、あるいは無期限の期間軸を組み合わせれば、成功する可能性ははるかに高くなる。

経済学者のベンジャミン・グレアムはこう述べている。

「安全余裕度（margin of safety：企業の収益状況を評価する際、売上高が損益分岐点売上からどれくらい上回っているか）を設ける目的は、予測を不要にするためである」

柔軟性が高ければ高いほど、次に何が起こるかを知る必要がなくなる。

そして、経済学者のジョン・メイナード・ケインズの言葉も忘れてはならない。

「長い目で見れば、我々はみな死んでいる」

「普遍的な情報」をどれだけ自分に蓄積できるか

長期的な視野に立つことのもう一つのポイントは、情報に接するときの考えや判断に大きな影響を及ぼすということだ。

私は本を読むとき、こう自問するようにしている。

「一年後もこのことに関心があるだろうか？　十年後は？　八十年後は？」

たとえ多くの場合で答えがノーであってもかまわない。しかし、自分に正直になれば、もう少し関心が長持ちする情報に気持ちが向くようになるのではないだろうか。


情報には、「普遍的」なものと「期限つき」のものがある。

普遍的な情報とは、次のようなものだ。

「想定外のリスクに遭遇したとき、人はどのように行動するか？」

期限つきの情報とは次のようなものだ。

「二〇〇五年の第二四半期に、マイクロソフトはどれだけの利益を得たか？」

期限つきの情報や知識は必要以上に気を引く。それには二つの理由がある。

一つ目は、期限つきの情報や知識のほうがたくさんあって、私たちの短い集中力を躍起になって働かせようとするからだ。

二つ目は、関連性が失われる前に大事なポイントをつかもうと、私たちのほうからそうした情報を追いかけるからだ。

一方、普遍的な情報は、ニュースの見出しで大々的に報じられることもなく、本の中に埋もれているので、より気づきにくい。

しかし、その利点は大きい。それは、普遍的な情報は有効期限がなく、蓄積していくことができるうえ、既に学んだことを元手にして、時間をかけて複利的に増やすこともできるからだ。

期限つきの情報は、「起こった出来事」について教えてくれる。一方、普遍的な情報は、「なぜ、そのことが起こり、繰り返される可能性があるのか」を教えてくれる。そして、この「なぜ」を知ることで、そのほかの事象を深く解釈したり、関連づけて考えることが可能になり、そこに複利の力が生まれるのだ。


私は、毎日欠かさず新聞と本を読む。

その中でも、たとえば二〇一一年に新聞で読んだろくでもないニュースは、ただの一つも思い出せない。一方、二〇一一年に読んだ何冊かの名著と、それで自分の考え方がどう変わったかについては、詳しく話すことができる。おそらく一生忘れないだろう。

新聞も変わらず読みつづけるつもりだが、よりたくさんの本を読めば、ニュースをさらに理解するためのよりよいフィルターや枠組みを構築できるだろう。

ここで重要なのは、ニュースを減らして、よりたくさんの本を読もうということではない。よい本を読めば、どのニュースに注意を払うべきか、払うべきではないかを判断しやすくなるということだ。

次は、**難しくしすぎて裏目に出るときの話**をしよう。

22

SAME
AS
EVER

複雑にすると裏目に出る

難しいからといって
加点されるわけではない。

人は複雑なことに魅力を感じ、知的刺激を求める。複雑だがあまり効果のないものを好み、単純だがとても効果のあるものを過小評価する。人間がいつまでたっても抜け出せない、こうした奇妙な行動について話そう。

なぜ「単純な真実」は見過ごされやすいのか

二〇一三年、当時アメリカ国立がん研究所の所長だったハロルド・ヴァーマスは、ある講演の中で、がんとの戦いがいかに困難なものになってしまったかについて語った。一九七一年に署名されたがん対策法の目標として掲げられた「がんの根絶」は、永遠に先のことのように思われた。ヴァーマスはこう述べた。

我々は今、本気で向き合わなければならない矛盾に直面しています。がん細胞に備わる弱点の解明が格段に進んでいるにもかかわらず、人間の病としてのがんを、思ったほど制御できていないのが現状です。

ヴァーマスによれば、ここで欠けているのは、がんの治療に注力するばかりで、がんの予防にあまり目が向けられていないことだという。がんとの闘いにおいて次の大きな一歩を踏み出したいのなら、予防を最優先しなければならない。

しかし、特にがん治療の科学的知識や名声に比べると、予防は退屈でつまらないものに思える。そのため、予防がいかに重要かはわかっていても、頭のよい人々は予防の啓発になかなか真剣に取り組もうとしない。

マサチューセッツ工科大学のがん研究者のロバート・ワインバーグは、かつてこのように述べた。

「そもそもがんにならなければ、がんで死ぬことはない」

しかし、この単純な真実は見過ごされやすい。というのも、知的好奇心を刺激しないからだ。人に禁煙するよう説得するのは心理的なエクササイズである。分子や遺伝子や細胞とはなんら関係ない。だから、私のような人間は基本的に興味を持てないのだ。

ワインバーグ自身も認めているとおり、人々に禁煙させることは、生物学者である彼が生きている間にできるどんな貢献よりも、がんとの闘いに大きな影響を与えることができるという事実にもかかわらず、である。

なんとも驚きではないか。

彼は、世界トップクラスのがん研究者だ。その彼が「禁煙させること」に注力すれば、がん予防に大きな影響を与えられると言っている。だが、それは彼の知性を刺激するものではない。さらに言えば、多くの科学者たちにとってもそうだ。

今、彼を責めることはできない。事実、ワインバーグはがん治療に大きな貢献をしたのだから。

しかし、これは、シンプルなほうが実際にはよい結果をもたらすにもかかわらず、知的好奇心をくすぐるがゆえに複雑さのほうが好まれるよい例である。

そしてこれは、ほかのさまざまなことにも当てはまる大きな教訓である。

「核となる重要なこと」だけ見極めればいい

コンピュータ科学者のエドガー・ダイクストラは、かつてこのように書いた。

シンプルさは真実の証である。そのことを我々はよく知っているはずだが、複雑さは依然として病的な魅力を持ちつづける。学術関係者たちに終始わかりやすい講義をすると、受講者は

22 Chapter 複雑にすると裏目に出る

騙されたと感じる……悲しいかな、複雑なほうがよく売れるのだ。

悲しいかな、複雑なほうがよく売れる。

まさにそのとおりだ。私たちは、あらゆるところでその事実を目にする。

簡単な例を挙げよう。アメリカ合衆国憲法は七千五百九十一語から成る。それに比べて、平均的な住宅ローン契約書は一万五千語以上、アップルのアイクラウド利用規約は七千三百十四語。アメリカの税法は千百万語を超える。

ときに「長さ」が必要な場合もある。第二次世界大戦後に、連合国がドイツの処遇について協議した際、ウィンストン・チャーチルはこう指摘した。

「我々は八千万人の運命を扱っているのだから、検討に八十分以上はかけなければ」

しかし、たいていは、ほんの少しの単純な変数が結果の大部分を左右している。

重要なわずかな事項さえ押さえておけば、準備は完璧だ。あとに付随するものの多くは、知的好奇心を刺激するだけ、時間を無駄にするだけ、惑わせたり感動させたりするだけの、不必要な要素なのだ。

自然はそのことをよく見抜いている。

十九世紀の古生物学者のサミュエル・ウィリストンは、生物は進化の歴史の中で身体部位が徐々に減少していく傾向にあることに初めて気づいた人物である。太古の動物は、いくつもの身体部位を重複して有している場合が多かった。しかし、進化するにつれ、その数は減っていき、一つひとつの有用性が増していった。一九一四年、ウィリストンはこう書いている。

「身体部位の数を減らし、残った部位を大きくしたり、形や構造を変えたりして、特別な用途により適応させるのが、進化の過程である」

何百本もの歯を持った動物の多くは、用途に特化したわずかな切歯（門歯）、犬歯、大臼歯だけを持つように進化した。何十とあった顎骨は、大きな二つの骨に統合された。数百本に及ぶ小さな骨からできていることが多かった頭蓋骨は、進化してだいたい三十本以下に減少した。

進化は単純形を見出した。進化はこう言っている（進化が話していると想像してほしい）。

「無用なゴミを全部どかしてくれ。必要なわずかなものを使えるようにして渡してくれればいい」

複雑なテーマについて学ぶコツは、単純なものから派生した複雑な詳細がいかに多いかを理解することだ。実業家で作家のジョン・リードは、著書『*Succeeding*（成功すること）』（未邦訳）で次のように書いている。

22 Chapter 複雑にすると裏目に出る

ある分野の勉強を始めたばかりの頃は、数えきれないほどのことを覚えなければならないような気がする。だが、そうではない。必要なのは、その分野の核となる原則——三〜十二個が一般的——を見きわめることだ。覚えなければと思う何百万もの事項は、核となる原則がさまざまに組み合わさっているにすぎない。

これはとても重要なことだ。たとえばお金まわりのこと（ファイナンス）を例に取ると、支出を収入以下に抑え、その差額を貯金し、忍耐強くあることが、うまくやるために必要な知識のおそらく九〇パーセントを占める。

しかし、大学では何を教わるか？　金融派生商品（デリバティブ）の値段のつけ方や、正味現在価値（NPV：投資することにより、どれだけの価値を得られるかを示す指標になる数値）の計算方法といったことだ。

健康でいるには、八時間寝て、よく動き、ちゃんとした食べ物を食べすぎない程度に食べればいい。だが流行っているのは？　サプリや健康法や錠剤薬などだ。

マーク・トウェイン曰く、子どもはいちばん面白い情報を教えてくれるという。

「というのも、子どもたちは知っていることをすべて話したら、話すのをやめるからだ」

大人はこのスキルを失いがちだ。あるいは、どうでもいい話で幻惑するという新たなスキルを身につける。スティーヴン・キングは、著書『書くことについて』（田村義進訳、小学館）の中で次のように述べている。

この本は短い。というのも、書くことについて書かれた本の大半が、どうでもいい内容にあふれているからだ。思うに、本は短ければ短いほど、どうでもいい内容が少なくなる。

詩のように。

「複雑で長い」ほど魅力的に感じる理由

問題はその理由だ。シンプルで短くても役割を果たせるのに、なぜ複雑で長いほうがそんなにも魅力的なのだろう？

理由はいくつかある。

1. 複雑なほうが「自分でコントロールできている」という安心感を持てるのに対し、シンプルは無知との区別がつきにくい

ほとんどの分野において、ほんのわずかな変数が結果の大半を決定している。しかし、そのわずかな変数だけに注意を払うと、結果の多くを運命に委ねすぎてしまっているように感じることがある。百個もタブを開いたスプレッドシートや、ビッグデータ分析など、いじれるツマミが多ければ多いほど、知識が増えた気がするし、自分で状況をコントロールできているように感じる。

裏を返せば、わずかな変数だけに注意を払ってほかの大半を無視すると、自分が無知に見えてしまう場合があるということだ。顧客がこう言ったとする。

「これはどういうことです？　何が起こっているんですか？」

あなたはこう答える。

「さあ、わかりません。その点は考えたこともないので」

ここであなたが無知だと思われる確率は、あなたがシンプルをきわめていると思われる確率よりもはるかに高い。

2.「自分が理解できないことを理解できる人」は神秘のオーラに包まれる

もしあなたが、私が知らなかったことを私にも理解できるように言えば、私はあなたを賢い人だなと思うだろう。もしあなたが私には理解できないことを言ったら、私には理解できない方法で、その話題について考える能力があるのだと思うだろう。これは、まったく異なる種類の称賛だ。自分は理解できず、相手が理解できているとき、その人の知識は底知れないと感じられるため、その意見を真に受けてしまいがちになる。

3．努力と思慮深さを示すのに、長さに頼るしかないときもある

一つのトピックについて扱うノンフィクションの本の分量は、二百五十ページ、およそ六万五千ワードが一般的だろう。

面白いことに、平均的な読者は買った本のほとんどを最後まで読まない。ベストセラー本ですら、数十ページで読むのをやめてしまう。となると、本のページを増やすことに、より多くの情報を提供する以外の目的がなければおかしい。

私の考えでは、本の長さというのは、著者がそのトピックについてほかの人よりも長い時間をかけて考えたことをアピールするためのものである。長さという尺度が、「自分には独自の鋭い洞察がある」と示すための唯一の証拠となりうるのだ。

だからといって、著者の考えが正しいとは限らない。また、二章も読めば、本の主張は理解できてしまうかもしれない。三〜十六章もあるのは、それだけの努力をしたから、一、二章の視点を持てたのだと示すためである場合が多い。研究報告書や政府の白書なども同じだ。

4．シンプルなものは気軽なウォーキング、複雑なものは心のマラソンのように感じる

エクササイズの反復運動が苦しくなければ、それは本当の運動にはなっていない。苦痛があって初めて、「進歩のために今は避けられない代償を払っている」と認識できるのだ。だが、短くシンプルなコミュニケーションは違う。

物理学者のリチャード・ファインマンやスティーヴン・ホーキングが人々の頭を痛めることなくシンプルな言葉で数学を教えられたのは、選ぶトピックのレベルを下げたからではなく、できる限り少ないステップでAからZまで把握する方法を知っていたからだ。

大事なのは、**複雑なことを避けるのではなく、理解できないことを理解できるものに絡めて考える**ことだ。たとえば、物理学者がボールの飛距離を正確に計算するように、野球選手はボールの高さを注視することで、ボールがどこに着地するかを見ている。

問題は、シンプルなものは繰り返し行なっても苦痛にならないため、精神のトレーニングになっている気がしないことだ。学生たちがあえて苦労の多い学習方法を選ぶのはこのためだ。なぜなら、そのほうがベンチプレスで認知を鍛えている感覚があり、見せかけのメリットをいっぱい得られているような気になるからだ。

「平均値の法則」――〝ありふれていること〟を軽視するな

十九世紀、トーマス・マックレーという医師がいた。彼はまだ若く、自分の腕に自信がなかった。ある日、彼は一人の患者の症状をありふれた軽い胃腸障害と診断した。その診断を見ていたマックレーの医学部の指導教授は、学生なら誰もが抱く悪夢を口にした。実のところ、その患者は珍しい深刻な病気を患っているというのだ。マックレーはその病名を聞いたことすらなかった。

診断によると、ただちに手術する必要があった。患者を開腹したあと、教授はマックレーの最初の診断が正しかったことに気づいた。患者は無事だった。

のちにマックレーは、その珍しい病気について聞いたこともなくて、正直、幸運に思ったと書いている。

おかげで、より教養のあった教授とは違い、珍しい病気を見つけようと頭を悩ませることなく、最も可能性の高い診断を導きだすことができたからだ。

マックレーはこう書いている。

「今回の教訓は、無知のほうが有利だという意味ではない。ただ、珍しい症例を検討することに惹(ひ)かれるあまり、医師の中には、診断の際に『平均値の法則』を忘れている者もいるということだ」

直感では理解しにくい考えなので、納得できないかもしれない。しかも、どういうときに起こるかもわかりにくい。マックレーの指導教授も、ちゃんと用心できていなかったのかもしれない。

とはいえ、ほぼすべての分野にいえるのは、**難しいからといって加点されるわけではない**ということだ。難しくしすぎたり、複雑さに惹かれたりしすぎると、見事に裏目に出る可能性がある。

ようやく最終章まで来た。私のお気に入りの一つだ。

23

SAME
AS
EVER

外傷は癒えるが、心の傷はいつまでも消えない

ほとんどの論争は、
「意見の違い」よりも
「経験の違い」によって生じる。

ワシントンD．C．のアメリカ国防総省本庁舎の前を車で通り過ぎても、二〇〇一年九月十一日に飛行機が墜落した痕跡は残っていない。しかし、車をさらに三分ほど走らせて、ロナルド・レーガン・ワシントン・ナショナル空港まで行けば、至るところにアメリカ同時多発テロの痕跡が残っている。靴を脱ぎ、ジャケットを脱ぎ、ベルトを外し、歯磨き粉をかばんから出し、両手を上げ、水のペットボトルを空にして、セキュリティチェックを通過する。

ここに、人々の考え方でよく話題になるテーマがある。すなわち、**外傷は癒えるが、心の傷はいつまでも消えない**ということだ。

長い歴史の中で、人は臨機応変に適応しながら生活を立て直してきた。だが、その一方で、つらい体験の傷痕は永遠に残り、リスク、見返り、チャンス、目標に対するその後の人々の考え方を一変させてきた。

自分とは異なる経験をした人は、自分とは異なる考え方をする。これは、人間の行動における重要な要素だ。彼らは異なる目標、見解、願望、価値観を持っているだろう。つまり、ほとんどの論争は、実際に意見が食い違っているわけではなく、異なる経験をした人たちが互いに話をしているだけなのだ。

重大な経験によって、人々の人生観ががらりと変わった時代について、いくつか紹介しよう。

つらい経験をすると人は「安全」にすがりつく

第二次世界大戦中に繰り広げられた独ソ戦では、四年間で三千万人以上——カリフォルニア州の人口に相当する——が命を落とした。一九四〇年、ソビエト連邦を構成する十数カ国の共和国に属する領土内における人口は、世界人口のおよそ一〇パーセントを占めていた。だが、一九四五年までに、その一四パーセント近くが死亡し、七万もの村々が完全に破壊された。

この地域では、今でも骨や弾丸、爆弾などが発見されるという話もある。しかし、戦争による物理的被害のほとんどは、一九六〇年までにきれいに片づけられた。産業は再建され、人々は再編成された。終戦から十年も経たないうちに、総人口は戦前を上回る水準まで回復した。

この傾向は、経済が世界市場に開放された戦後の日本でより顕著だった。一九四六年、日本の食糧生産量は、国民一人に一日わずか千五百キロカロリーを提供できる程度しかなかった。ところが一九六〇年になると、日本は世界で最も急速に経済成長した国の一つに数えられるようになった。GDPは、一九六五年の九百十億ドルから、一九八〇年には一兆一千億ドルにまで増加した。テクノロジーと製造業においては、世界のどの地域にも負けないどころか、凌駕(りょうが)するほどとなった。

不況も同じだ。物事は癒える。市場もそうだ。物事は回復する。ビジネスも。昔の過ちは忘れ去られる。

だが、心の傷は消えない。

第二次世界大戦を経験した十三カ国の二万人を対象にした研究で、成人後に対象者が糖尿病になる傾向が三パーセント、うつになる傾向が六パーセント高まることが判明した。戦争を回避した人々に比べ、結婚する人が少なく、高齢になってからの生活に対する満足度も低かった。

一九五二年、小説家、ジャーナリスト、編集者のフレデリック・ルイス・アレンは、世界恐慌を経験した人々について次のように書いている。

(彼らは)さらに悪いことが起こるかもしれないという絶え間ない恐怖に蝕まれ、非常に多くの場合、実際に食べるものにも困る状態に陥った……。

(彼らは)ホレイショ・アルジャー【訳注：十九世紀のアメリカの小説家。ぼろ着から立身出世していく成功物語を繰り返し書いた】的な成功方程式に冷たい目を向ける。野心のためにいちかばちかの挑戦をすることに懐疑的である代わりに、手堅く安全な仕事、社会保険制度、年金制度を好む。彼らはつらい経験から、安全にすがることを学んだのだ。

彼らはつらい経験から、安全にすがることを学んだのだ。

これもまた一九五〇年代に書かれたもので、当時、アメリカ経済は活況を呈し、失業率も三パーセント未満と過去最低に迫る勢いだった。

人の心は、建物やキャッシュフローに比べて修復が難しい。それに気づかずに、歴史を眺めて、こう言うのは簡単だ。

「いいかい、長期的な視点を持ってちょっと辛抱していれば、事態は回復する。人生は続いていくんだ」

私たちは、世の中のほぼあらゆることを見たり評価したりすることができる。だが、人々の気分、恐れ、希望、恨み、目標、やる気になるきっかけ、期待などは別だ。歴史が不可解な出来事の連続であり、これからも変わらない理由の一つはそこにある。

トラウマの影響——「パブロフの犬」たちの事例

生理学者・心理学者のイワン・パブロフは、犬によだれを垂らさせる訓練を行なった。

彼は、犬に餌(えさ)を与える前にベルを鳴らした。すると犬たちは、「ベルの音」と「もうすぐ餌がもらえること」を結びつけるようになり、ベルを聞いただけで唾液の分泌反応を起こすようになった。

パブロフの犬は、心理学者たちに学習行動の科学について気づきを与えたことで有名になった。

しかし、それから数年後に、このかわいそうな犬たちの身に何が起こったかは、あまり知られていない。

一九二四年、パブロフの研究所と犬舎があったレニングラードを大洪水が襲った。洪水は、犬のケージのすぐ近くまで押し寄せた。何匹かは助からなかった。生き延びた犬たちは、安全な場所まで四百メートル近くも泳ぐことを余儀なくされた。のちにパブロフは、犬たちがそれまでに経験した中で最もトラウマになる出来事だったと回想している。

そして、不思議なことが起こった。犬たちは、ベルが鳴ったらよだれを垂らすという学習行動を忘れてしまったようなのだ。

洪水が引いた十一日後、パブロフはある一匹の犬について次のように書いている。

身についていた条件反射は、ほぼ完全に消失した。（ベルを）鳴らしても、犬は餌を食べず、非常に落ち着きなくドアを見つめるばかりだった。

好奇心旺盛な科学者だったパブロフは、洪水によって犬の行動が変化した理由について何カ月も研究した。洪水のあと、ほとんどの犬は性格がすっかり変わり、それまで染みついていた学習行動も取らなくなってしまった。パブロフはいったい何が起こったのか、それが人間にどのように当てはまるか、次のようにまとめている。

極度の興奮を生むさまざまな条件が重なると、神経活動や精神活動のバランスが大きく崩れ、しばし戻らなくなる……自分自身や近しい友人に極度の危険が降りかかったり、自分には直接関係のない恐ろしい光景を目にしたりした結果、神経症や精神病を発症する場合がある。

「身の破滅」に直面した人々に共通する傾向

人間の記憶力は短い傾向にある。たいていの場合、悪い経験は忘れ去られ、過去に学んだ教訓も活かされない。

しかし、強烈なストレスは心に傷を残す。

人は身の破滅に直面し、生き延びられるかわからないほどの経験をすると、期待することを永久にやめ、それまで染みついていた行動もしなくなることがある。

オリバー・ウェンデル・ホームズはこう述べている。

「新しい経験によって引き伸ばされた心は、決して元の大きさに戻ることはない」

世界恐慌を経験した世代が、その後、お金に対して以前と同じような見方をできなくなったのはそのためだ。彼らは貯蓄を増やし、借金を減らし、リスクを警戒するようになった――死ぬまでずっと。この傾向は、世界恐慌が終わる前から顕著に見られた。フレデリック・ルイス・アレンは、一九三六年に書かれた『フォーチュン』誌の記事を引用している。

今の大学世代は諦念(ていねん)が強い。あえて危険を冒そうとはしない。ズボンのボタンをしっかり留め、顎を上げ、口は閉ざしたままだ。平均値から見て、彼らは慎重で大人しく、冒険心のない世代である。

第二次世界大戦後も同じ傾向が見られた。

戦後、アメリカは好景気に沸いたが、物理的に破壊されたヨーロッパは違った。一九四七年、『フォーリン・アフェアーズ』誌上で、編集者のハミルトン・フィッシュ・アームストロングはヨーロッパの暮らしについて次のように書いた。

次の二十四時間をなんとか乗り切るだけの食料、服、燃料をかき集めるために、一分一秒が費やされる。何もかも、まるで足りていない……住む家も、その窓に使うガラスも、靴の革も、セーターの羊毛も、調理用のガスも、オムツの綿も、ジャムの砂糖も、揚げ油も、赤ちゃんのミルクも、洗濯石鹸も。

戦後、経済学者のジョン・メイナード・ケインズは、戦争で荒廃した国々は「社会的・個人的安全保障を渇望」するようになるだろうと予測した。

まさにそのとおりになった。

歴史家のトニー・ジャットによると、戦後ヨーロッパの情勢はあまりにひどく、国家レベルでなければ大勢の避難民に救いの手を差し伸べることができなかったという。だから、国はそうした。手厚い失業保険から国民皆保険まで、あらゆるものが戦後、アメリカでは決してありえなかった形で普及した。

戦争と福祉は密接な関係にあると、歴史家のマイケル・ハワードは述べている。それはおそらく、どんなに経済的に備えがある人でも、リスク回避に余念がない人でも、先見の明に優れた人でも、戦争となれば完全に打ちのめされる可能性があるからだ。

ヨーロッパの人々に、第二次世界大戦に巻き込まれたいかどうかを選ぶ権利はなかった。戦争は、それを支持しようとしまいと、彼らの人生にとって何よりも差し迫った問題となった。

また、戦争に備えようが備えまいが、彼らが自分で何かをコントロールする感覚は打ち砕かれた。

一九七〇年代から八〇年代を生きた団塊世代が、インフレについてその子ども世代には理解できないような考え方をするのはそのためだ。

ハイテク起業家が、一九九〇年代後半のＩＴバブルを経験した世代と、若すぎて経験していない世代との二つのグループにはっきりと分けられるのも、同じ理由からだ。

予期せぬ大きな出来事に見舞われたあとには、次の二つのことが起こりやすい。

- 今起こったことが、さらに大きな影響力と結果を伴って今後も起こりつづけると思い込んでしまう
- ほぼ誰も予測していなかったような「まさかの出来事」が起こっただけにもかかわらず、「絶対にまた起こる」と確信をもって予想してしまう

これまでも、これからも地球上から争いがなくならない理由

経験したことのインパクトが大きければ大きいほど、「絶対にまた起こるに違いない」と思

えてくる。

問題なのは、そのような大きな出来事を経験していない人には、彼らの考え方をなかなか理解できないことだ。

互いの意見が合わない例は、山ほどある。

「なぜ同意してくれないんだ？」という問いには、数限りない答えがある。どちらか一方が自分勝手だったり、愚かだったり、思い込みが激しかったり、無知だったり。

しかし、たいていの場合は、こう質問したほうがよい。

「私が経験していないどんな経験をして、あなたはそう信じるようになったのか？　あなたと同じ経験をすれば、私もあなたと同じ考えになるだろうか？」

こう質問すれば、意見の食い違いや争う理由の答えを多く導きだせる。

とはいえ、こうはなかなか尋ねられないものだ。

ある経験をしていないために、自分はこういう考えをするのだと思うのは不快である。なぜなら、自分の無知を認めることになるからだ。賛同しない相手のほうが、自分ほど真剣に考えていないのだと決めつけるほうがずっと楽だ。

だから、情報へのアクセスが爆発的に増加しても、人々の意見はすれ違いつづけるのだ。むしろ、今まで以上に意見が対立し、争うことになるかもしれない。その理由について、アナリストのベネディクト・エヴァンスはこう述べている。

「インターネットによって新しい視点を知れば知るほど、人々は異なる意見が存在することに腹を立てる」


意見の不一致は、人々が「何を知っているか」よりも、「何を経験したか」に深く関係している。

そして、経験は人によって異なるのが常だから、意見の不一致はいつまでたってもなくならない。

これまでも。

これからも。

ずっと変わらない。

あなた自身に問いかけてほしいこと

ノルマンディー上陸作戦の前夜、フランクリン・ルーズベルトは妻のエレノアに、次に何が起こるかわからない状況というのはどんな気分かと尋ねた。

「六十歳近くにもなって、どうなるかわからないことに抵抗しようなんてバカバカしいでしょう？」と妻は答えた。

確かにそうだ。だが、抵抗するのが私たち人間だ。これまでも、これからも。

目の前に「不確実」という暗い穴が広がっていると考えるのは、とてつもなく恐ろしい。逆のこと、つまり、自分には未来が見え、その道のりは論理的で予測可能だと信じるほうが楽である。歴史上、これほど広く信じられていながら、一貫して間違っている信念はない。

不確かな未来をはっきり見通したくて、人はよく目を凝らしてさらに遠くを見つめようとする。つまり、よりたくさんのデータと知性を使って、もっと正確に予測しようとする。しかし実は、それとは反対のことをするほうが、はるかに効果的である。つまり、過去に学び、視野を広くする。未来を変えられそうな方法を針の穴を穿つように探すのではなく、過去に避けられなかった大きな出来事について調べるのだ。

十年前、私はもっとたくさんの歴史を学ぶことで、予測を減らそうと決めた。これは、私の人生にとても有意義な変化をもたらしてくれた。皮肉にも、歴史を学べば学ぶほど、未来に安心できるようになった。

「決して変わらないもの」に集中すると、不確かな出来事を予測しようと頑張らなくなり、「いつの時代も変わらない行動」を理解することにより多くの時間を費やせるようになる。この本が、あなたをその道へと導くきっかけになれば幸いだ。

私は、自分の知らない人にはアドバイスをしないようにしている。人はそれぞれ違うのだから、誰にでも当てはまる普遍的な指針など、ほとんど存在しない。

というわけで、あなたにやってほしいことを結論としてリストにまとめるよりも、あなた自身に問いかけてみてほしい質問のリストでこの本を締めくくりたいと思う。どの質問も、今読んできた章に関連する。

- 正解を知っているのに、はっきり伝えてくれないからと耳を傾けていない相手はいないか
- もし自分が違う国や時代に生まれていたら、考え方は今の自分とどう違っていただろうか
- 真実ではないとはっきりわかっているのに、真実だと思ってしまうほど、どうしても真実であってほしいものは何か
- 自分の身にも降りかかることになるのに、ほかの国、業界、キャリアにしか当てはまらないだろうと思い込んでいる問題はないか
- 実際には、ただマーケティングがうまいだけなのに、真実だと思っているものはないか
- 実際に経験していないだけで、仕組みがよくわかっておらず、無知なままのものはないか
- 本当は新しいトレンドなのに、人々がまだ受け入れていないために長続きしないように見えているものはないか
- 賢く見えるが、実は大ぼら吹きなのは誰か
- 想像すらできないリスクに対処する備えはあるか
- もし自分を促すインセンティブが異なっていれば、今の自分の考えはどう変わってくるだろうか
- 将来、驚くほど明白なことのように思えるのに、今、目を向けていないものはないか

・もし本当に起こっていたら、自分の知っている世界が根本から変わっていたかもしれないけれど、ぎりぎりで起こらずにすんだ出来事はないか
・自分ではコントロールできていないのに、自分の手柄にしていることはないか
・自分が忍耐強いのか（これはスキル）、それとも頑固なだけか（これは欠点）、どうすればわかるだろうか
・自分が尊敬している相手で、人知れず惨めな思いをしている人はいないか
・実際には成功のために避けられないコストであるにもかかわらず、排除しようとしている厄介事はないか
・自分も見習いたいと思っている〝ぶっとんだ天才〟が、実は〝単にクレイジーなだけ〟だったりしないか
・自分が強く抱いている信念の中で、変わる可能性がいちばん高いのはどれか
・いつだって真実なのは何か
・決して変わらないものは何か

謝辞

執筆は孤独な作業といえる。ある瞬間にワクワクするような創造的なアイデアが浮かんだかと思えば、次の瞬間には疑念が湧いてくる。そのあいだにあるのは、自分自身とキーボードと脳だけだ。

しかし、ある意味で、この職業の根本部分は社会的だ。どんな作家も、自分がどれだけたくさんの人々からインスピレーションを受けてきたかを振り返ることができる。何十、何百という作家、思想家、研究者がいてこそ、そして多様な考え方があってこそ、自分の文章が成り立っているのだと実感する。

以下は、本人が自覚しているかどうかはともかく、私にとりわけ大きなインスピレーションを与え、助けとなってくれた人たちだ。

カール・リチャーズ、ジョン・リーヴス、クレイグ・シャピロ、ダン・ガードナー、ベサニー・マクリーン、キャスリーン・キンボール、マット・コッペンヘファー、ジェイソン・ツヴァイク、ベティ・コシット、ノア・シュワルツバーグ、モーリー・グリック、マーク・ピングル、クレイグ・ピアース、ブライアン・リチャーズ、ジェナ・アブドゥ、マイク・エルリッヒ、エリック・ラーソン、ビル・マン、デレク・トンプソン、トム・ゲイナー、クリス・ヒル、キャンディス・ミラード、ロバート・カーソン、金正宙（キム・ジョンジュ）、ジェームズ・クリアー、フランク・ハウセル・シニア、マイケル・バトニック。

そしてもちろん、妻のグレッチェンと、両親のベンとナンシーも。家族のサポートと導きがなければ、私は途方に暮れていただろう。

訳者あとがき

伊藤 みさと

二〇二四年十月時点で、五十五カ国語に翻訳され、全世界で累計六百万部を売り上げている世界的ベストセラー、『サイコロジー・オブ・マネー 一生お金に困らない「富」のマインドセット』の著者、モーガン・ハウセルによる新著の邦訳版をお届けいたします。

前著では、人間の行動心理とお金の関係性から、「富」に対するシンプルかつ最強のマインドセットを養うための画期的なアドバイスがわかりやすく解説され、世界各国で大反響を呼びました。

本書でも、その方向性をしっかりと踏襲（とうしゅう）しつつ、お金からさらに視点を広げ、移りゆくこの世界で、人生をより豊かに生きていくための数々の知恵が紹介されています。

この世の中、いつ何が起こるかわかりません。私たちはそれに怯え、予測の精度を上げようとしたり、不測の事態が起こる可能性を潰そうとしたり、なんとか未来を確かなものにしようです。

と躍起になります。その結果、たくさんの技術革新が生まれ、よいほうへ進歩したことも確か

しかし、それでも世界はほんの些細な出来事をきっかけに、とんでもない方向へとシフトしていくことがあります。どう変わるか予測不可能なこれらの事象を目を凝らして逐一とらえようとするのも一つの手ですが、もっとシンプルにこの世界を見る方法がある、と本書は説きます。

すなわち、**運やアクシデント、巡り合わせに左右される個々の事象ではなく、いつの世も決して変わらないものに目を向ける**ということ。

著者のハウセル曰く、何十年も、何百年も、何千年も、そしてこの先もずっと変わらない「人間の行動パターン」にこそ、この世界を理解するための普遍の真理が隠されており、そこから人生の重要な教訓が得られるといいます。

欲、期待、チャンス、リスク、不確実性、格差といったものに、人間はこれまでどんな反応を示してきたか。そこから見えてくる、時代を超えた人間の行動パターンを理解できれば、この先に何が起ころうと、やはり人々は同じ行動に出ると予測することができるのです。

本書では、心理学と歴史とお金の関係性を深く探求してきた著者ならではの切り口から、目から鱗(うろこ)の人生教訓が惜しみなく伝授されます。一見、シンプルで当たり前のように思えるもの

もありますが、それこそが人々が見落としてきた真実なのだと、この一冊を通じて改めて感じさせられることでしょう。

また著者は、人間の行動パターンのあまり直視したくないマイナス面についても、オブラートに包むことなく暴いていきます。たとえば、私たちは、何かを手に入れたければ近道を探したくなるし、自分の考えを過信するし、成功すれば天狗になって油断します。しかし、価値あるものすべてには値段がついており、努力せずに無料で手に入るものなどありません。また、成功したからといって、その先も走りつづけなければ、すぐに追手が迫ってきます。

このように、本書は、楽して幸せになる秘訣を伝えることを目的としていません。むしろ、人生には痛みが伴うものだと主張されています。ですが、その真実に気づくことが、幸せに生きるうえで何よりも重要な秘訣なのです。

本書は、著者がパートナーを務めるベンチャーキャピタルのコラボレーティブ・ファンド社のブログに投稿したものをベースにしていることもあり、各章が短く、要点も明確にまとめられています。というのも、本書でも述べられているとおり、物事を複雑にしても加点はされないからです。こうしたところからも、本書の教えが実用性のあるものだと実感できるでしょう。

この世界で決して変わらないものは何か。このシンプルな問いが、複雑怪奇で予測不可能な世界に対する恐怖や不安から読者のみなさまを解放し、富、心とともにより豊かな人生を見出すきっかけになることを願っています。

最後に、本書の翻訳にあたり、たくさんのサポートをしてくださったみなさまに感謝申し上げます。